westermann

Hans Jecht

Prüfungstraining KOMPAKT

Kauffrau/Kaufmann im E-Commerce

1. Auflage

Bestellnummer 43618

westermann GRUPPE

Druck und Bindung: Westermann Druck GmbH,
Georg-Westermann-Allee 66, 38104 Braunschweig

ISBN 978-3-427-**43618**-8

Vorwort

Die heiße Phase beginnt:

Der erste Teil oder sogar schon der zweite Teil der Abschlussprüfung steht bevor. Auf diese Prüfung sollten Sie sich gut vorbereiten. Dabei hilft Ihnen dieses Buch. Mit ihm kann in kurzer und übersichtlicher Form das Beherrschen aller für die IHK-Abschlussprüfung wichtigen Lerninhalte überprüft werden.

Wie sollten Sie mit diesem Buch arbeiten?

Sie sollten sich klarmachen, dass es in keinem Fall ein Schulbuch ersetzt. Es dient aber einer effektiven Prüfungsvorbereitung, indem Gelerntes in vielen Fällen sehr schnell wieder ins Gedächtnis zurückgebracht wird. Andererseits erkennen Sie aber auch eventuelle Lücken, die Sie dann mit Ihrem Schulbuch schnell schließen können. Sie können also gleich überprüfen, in welchen Bereichen Ihrer Ausbildung Sie eventuell noch Defizite haben.

Beachten müssen Sie, dass einige der in den Kapiteln für einen Prüfungsbereich dargestellten Lerninhalte auch für andere Prüfungsfächer der Prüfung bedeutsam sein können.

Sowohl der Verlag als auch der Autor wünschen Ihnen viel Erfolg bei der Prüfungsvorbereitung und besonders bei der Prüfung.

Hildesheim, Herbst 2022 Hans Jecht

Inhaltsverzeichnis

PRÜFUNGSMODALITÄTEN

1. Überblick über die Prüfung

Die Prüfung für den Ausbildungsberuf „Kaufmann/Kauffrau im E-Commerce" erfolgt in Form einer gestreckten Abschlussprüfung in zwei Teilen.

Der erste Teil der Prüfung

Das Fach **„Sortimentsbewirtschaftung und Vertragsanbahnung"** wird Mitte des zweiten Ausbildungsjahres geprüft. Es soll überprüft werden, ob die Schülerinnen und Schüler fähig sind,

- das Waren- und Dienstleistungsangebot im Onlinevertrieb kunden- und serviceorientiert mitzugestalten und zu bewirtschaften,
- die Beschaffung von Waren oder Dienstleistungen für den Onlinevertrieb zu unterstützen,
- Vertragsanbahnungen im Onlinevertrieb zu gestalten und Vertragsabschlüsse herbeizuführen sowie
- rechtliche Regelungen bei der Sortimentsbewirtschaftung, der Beschaffung und der Vertragsanbahnung einzuhalten.

Diese Prüfung dauert 90 Minuten. Das Ergebnis geht mit 25 % in das Gesamtergebnis der Prüfung ein.

Der zweite Teil der Prüfung

Der zweite Teil der Prüfung, der zum Ende der Ausbildung abgelegt werden muss, besteht aus drei schriftlichen Prüfungen sowie einer mündlichen Prüfung.

Das Prüfungsfach **„Geschäftsprozesse im E-Commerce"** wird 120 Minuten lang schriftlich geprüft. Das Ergebnis dieses Prüfungsfachs geht mit 30 % in das Gesamtergebnis ein. Hier wird überprüft, ob die Schülerinnen und Schüler in der Lage sind,

- komplexe Arbeitsauftrage handlungsorientiert zu bearbeiten,
- fachliche und wirtschaftliche Zusammenhänge zu analysieren, Lösungen für Aufgabenstellungen zu entwickeln und dabei Instrumente der kaufmännischen Steuerung und Kontrolle zu nutzen,
- wirtschaftliche und technische Entwicklungen im Hinblick auf ihre Relevanz für den E-Commerce einzuschätzen,
- englische Informationen und Fachbegriffe situationsbezogen zu nutzen und
- rechtliche Regelungen bei den Geschäftsprozessen im E-Commerce einzuhalten.

Im schriftlichen Prüfungsfach „Kundenkommunikation im E-Commerce“ soll von den Schülerinnen und Schülern nachgewiesen werden, dass sie fähig sind,

- Kundenanliegen lösungsorientiert zu bearbeiten,
- bei der Vertragserfüllung entstehende Störungen zu bearbeiten,
- Rückabwicklungsprozesse zu organisieren,
- Kommunikationskanäle auszuwählen und zu steuern,
- Schnittstellen von Kommunikationskanälen zu berücksichtigen,
- Kommunikation mit Kunden zielgruppenorientiert und situationsgerecht zu gestalten, auszuwerten und zu optimieren und
- rechtliche Regelungen bei der Kundenkommunikation im E-Commerce einzuhalten.

Die Prüfung dauert 60 Minuten. Das Ergebnis dieser Prüfung macht 15 % des Gesamtergebnisses aus.

Im Prüfungsfach **„Wirtschaft- und Sozialkunde“** sollen die Lernenden schriftlich die Kompetenz nachweisen, allgemeine gesellschaftliche und wirtschaftliche Zusammenhänge der Arbeits- und Berufswelt darstellen und beurteilen zu können. Diese Prüfung dauert 60 Minuten. Das Ergebnis dieser Prüfung geht zu 10 % in das Gesamtergebnis ein.

Teil der Abschlussprüfung	Prüfungsbereich	Prüfungsverfahren
Teil 1 der gestreckten Abschlussprüfung	A Sortimentsbewirtschaftung und Vertragsanbahnung	Mischverfahren: ca. 50 % ungebundene Aufgaben, ca. 50 % gebundene Aufgaben

Teil der Abschlussprüfung	Prüfungsbereich	Prüfungsverfahren
Teil 2 der gestreckten Abschlussprüfung	B Geschäftsprozesse im E-Commerce	Mischverfahren: ca. 67 % ungebundene Aufgaben, ca. 33 % gebundene Aufgaben
	C Kundenkommunikation im E-Commerce	100 % ungebundene Aufgaben
	D Wirtschafts- und Sozialkunde	100 % gebundene Aufgaben

Überblick über die schriftlichen Prüfungen

In der ca. 20 Minuten dauernden mündlichen Prüfung **„Produktbezogene Prozesse im E-Commerce"** wird ein fallbezogenes Fachgespräch durchgeführt. Die Schülerinnen und Schüler sollen berufstypische Aufgabenstellungen in Form vollständiger Handlungen lösen. Diese Prüfung hat einen Anteil von 20 % am Gesamtergebnis.

2. Das Bestehen der Prüfung

Der Teil 1 der gestreckten Abschlussprüfung zählt bereits für die Endnote. Über die inTeil 1 erbrachten Leistungen erhält der Prüfling eine schriftliche Bescheinigung.

Das endgültige Prüfungsergebnis wird erst nach Beendigung von Teil 2 festgestellt.

Folgender Notenschlüssel wird in der Prüfung verwendet:

- 100 bis 92 Punkte Note 1 – sehr gut
- unter 92 bis 81 Punkte Note 2 – gut
- unter 81 bis 67 Punkte Note 3 – befriedigend
- unter 67 bis 50 Punkte Note 4 – ausreichend
- unter 50 bis 30 Punkte Note 5 – mangelhaft
- unter 30 bis 0 Punkte Note 6 – ungenügend

Wenn folgende Bedingungen erfüllt sind, ist die Prüfung bestanden:

- Im Gesamtergebnis von Teil 1 und Teil 2 muss mindestens der Bereich „ausreichend“ erreicht sein.
- Das Ergebnis von Teil 2 der Abschlussprüfung muss mindestens „ausreichend“ betragen.
- Mindestens drei Prüfungsbereiche von Teil 2 der Abschlussprüfung müssen mit mindestens „ausreichend“ bewertet worden sein.
- In keinem Prüfungsbereich von Teil 2 darf es ein „ungenügend“ geben.

Sie können bei Gefahr des Nichtbestehens der Abschlussprüfung in einem der schriftlichen Prüfungsbereiche, in dem sie schlechter als „ausreichend“ bewertet wurden, eine mündliche Ergänzungsprüfung beantragen. Der Prüfungsausschuss stellt 15 Minuten lang mündliche Fragen, die sich auf den in der Ausbildungsordnung für dieses Prüfungsfach vorgesehenen Inhalt beziehen. Bei der Ermittlung des neuen Ergebnisses für das Prüfungsfach werden die Ergebnisse der schriftlichen Prüfung und der mündlichen Ergänzungsprüfung im Verhältnis 2 zu 1 gewichtet.

A

SORTIMENTSBEWIRTSCHAFTUNG UND VERTRAGSANBAHNUNG

1 Waren- oder Dienstleistungssortiment mitgestalten und online bewirtschaften

Aufgabe 1

Beim Aufbau eines Sortiments spielen im E-Commerce Produktdaten eine große Rolle. Die Darstellung im Webshop erfolgt auf unterschiedlichen Seiten und mit verschiedenen Elementen. Vervollständigen Sie den nachstehenden Text um die folgenden Begriffe:

Landing Page – Landing Page – Navigation – Paginierung – Produktboxen – Produktdetailseite – Produktfilter – Produktkategorienseite – Produktkategorienseite – Startseite – Suchfunktion – Teaser – Vertrauenssiegel (Trust-Siegel)

Der Kunde kommt durch Eingabe der Internetadresse des Webshops auf dessen ________.

Von dort aus gelangt er über eine ______ auf die Produktdetailseite.

Der potenzielle Käufer wird von einer Suchmaschine auf eine Übersichtsseite des Webshops geleitet, eine sogenannte ________.

Unter einem Slider versteht man Elemente aus Bildern und Texten, die in regelmäßigen Abständen wechselnde Inhalte anzeigen. Im Normalfall enthält ein Slider:

- ein großes Bild
- eine Überschrift
- einen kurzen Teaser
- einen Link zu weiteren Inhalten

Ein ________ ist ein Element einer Internetseite, das hauptsachlich neugierig machen und den Besucher eines Webshops zum Beispiel dazu verleiten soll, weiterzulesen oder weiterzuklicken.

Teaser in Webshops sind häufig sogenannte ________. Diese ________ stellen die Artikel eines Webshops dar. Sie enthalten unterschiedliche Informationen wie Produktname, Produktbild, Preis usw.

Damit die Besucher eines Webshops zu Käufern werden, ist es wichtig, dass sie über die ________ schnell und bequem zum Wunschprodukt finden.

Weiß ein Besucher des Webshops genau, was er sucht, wird er wahrscheinlich nicht den Weg über verschiedene Produktkategorienseiten wählen. Stattdessen wird er die ________ auf der Startseite nutzen.

Kennt ein Kunde das Unternehmen bisher noch nicht, wird er in vielen Fällen vorsichtig oder skeptisch sein. Vor diesem Hintergrund helfen ________ dem Webshop, bei Kunden einen seriösen Eindruck zu hinterlassen.

Eine ________ zeigt Besuchern eines Webshops eine Auswahl der verfügbaren Produkte an, wenn diese auf eine Kategorie klicken.

________ sind für den Kunden einfach zu bedienende Instrumente, die die Auswahl der angezeigten Artikel nach seinen Vorgaben einschränken. Mithilfe weniger Klicks soll der zukünftige Käufer das Sortiment einer Kategorienseite schnell auf seine Bedürfnisse begrenzen können.

Häufig enthält eine Produktkategorienseite so viele Produkte, dass eine Aufteilung der Inhalte auf mehrere Seiten sinnvoll sein kann. Diesen Vorgang nennt man ________.

Eine ________ ist die Internetseite eines Webshops, die ein Kunde aufgrund eines besonderen Interesses von einer Suchmaschine oder einer Anzeige aus besucht.

Die eigentliche Verkaufsseite eines Webshops ist die ________. Der Kunde bekommt hier alle Informationen, die er benötigt, um sich für den Kauf eines Artikels zu entscheiden.

Aufgabe 2

Auch das Layout der Seiten, auf den Produktdaten dargestellt werden, kann entscheidend für erfolgreiche Umsätze sein.

Ordnen Sie die Begriffe a) bis h) den Sachverhalten 1 bis 8 richtig zu.

a) responsives Webdesign
b) ähnliche Artikel, die sie sich angesehen haben
c) zuletzt angesehen
d) Body
e) neue Artikel
f) Topseller
g) Header
h) Footer

(1) Webshops stellen damit ihre häufig verkauften Artikel in den Vordergrund. ☐

(2) Am Ende einer Startseite wird dem Kunden gezeigt, welche Produkte er sich beim letzten Besuch des Webshops angeschaut hat. ☐

(3) Diese Art der Produktbox kann einem Kunden helfen, der bei seinen letzten Besuchen kein für ihn geeignetes Produkt gefunden hat. ☐

(4) Zur Information der Kunden werden Produkte vorgestellt, die gerade neu in das Sortiment aufgenommen wurden. ☐

(5) oberer Teil einer Internetseite ☐

(6) Inhaltsbereich einer Internetseite ☐

(7) unterer Teil einer Internetseite ☐

(8) Der grafische Aufbau einer Seite ändert sich abhängig vom verwendeten Endgerät. ☐

Aufgabe 3

Sind die folgenden Fällen zur Produktbeschreibung auf der Produktdetailseite kommunikationsfördernd (1) oder störend (2)?

a) Aussagen, die den Kontakt zum Kunden erleichtern oder verbessern ☐

b) Äußerungen auf einer Internetseite, die einen potenziellen Käufer negativ beeinflussen ☐

c) „Dieses Label garantiert Ihnen ..." ☐

d) „Greifen Sie sofort zu, sonst ...!" ☐

e) „Das Gerät hilft Ihnen ..." ☐

f) „Sie sparen beim Kauf dieses Artikels 12,00 € im Vergleich zu ..." ☐

g) „Wenn Sie heute nicht zugreifen, dann ...!" ☐

2 Arten von Produktdaten

Aufgabe 4

Warum spielen Daten eine große Rolle beim Sortimentsaufbau?

Aufgabe 5

Erläutern Sie den Begriff „Produktdaten".

Aufgabe 6

In welchen Formen können Produktdaten in einem Webshop genutzt werden?

Aufgabe 7

Erläutern Sie die Begriffe:

a) Marketingdaten

b) Logistikdaten

Aufgabe 8

Wodurch unterscheiden sich Stamm- und Bewegungsdaten?

Aufgabe 9

Erläutern Sie die folgenden Begriffe in Bezug auf Artikel eines Webshops.

a) Stammdaten
b) Bewegungsdaten

Aufgabe 10

Welche der folgenden Aussagen sind richtig (r) und welche falsch (f)?

(1) Unter Stammdatenmanagement versteht man die Verwaltung von Stammdaten unter besonderer Berücksichtigung der Optimierung der Datenqualität. ☐

(2) Unter einer Dublette wird die Datenkonsistenz verstanden. ☐

(3) Artikelzugänge sind Stammdaten. ☐

(4) Artikelnummern sind Stammdaten. ☐

(5) Zahlungseingänge auf Konten sind Bewegungsdaten. ☐

(6) Datenkonsistenz ist die Korrektheit von Daten innerhalb eines Datenbanksystems. ☐

(7) Die voranschreitende Digitalisierung zwingt Unternehmen dazu, Bestände an Stammdaten möglichst effizient zu nutzen. ☐

(8) Die eindeutige Benennung von Namen und Merkmalen von Daten ist wichtiger Bestandteil des Stammdatenmanagements. ☐

(9) Ziel der Datensicherung ist der Schutz der Daten vor Missbrauch, Zerstörung oder Verlust. ☐

(10) Der Schutz der personenbezogenen Daten natürlicher und juristischer Personen ist in der Datenschutzgrundverordnung verankert. ☐

(11) Ziel des Datenschutzes ist der Schutz der Privatsphäre. ☐

Aufgabe 11

Erklären Sie die folgenden Begriffe.

a) Produktinformationssystem
b) elektronischer Katalog
c) Content-Management-System

Aufgabe 12

Führen Sie mindestens vier Arten von Daten auf, die in einem Produktinformationsmanagementsystem gespeichert und abrufbar sind.

3 Produktklassifikationen und Produktkategorien

Aufgabe 13

Was versteht man unter Produktkategorien und wozu dienen sie in einen Webshop?

Aufgabe 14

Welche Arten von Produktkategorisierung gibt es?

Aufgabe 15

Was sind Produktmerkmale?

Aufgabe 16

Was sind Produktklassifikationsstandards?

4 Instrumente zur Förderung des Verkaufs

Aufgabe 17

Dem Kunden muss vom Webshop der Zugang zu den von ihm gesuchten und gewünschten Artikeln erleichtert werden. Deshalb muss das Shopsystem die folgenden Funktionen aufweisen. Erläutern Sie die Begriffe:

a) Suchfunktion
b) Filterfunktion

c) Sortierfunktion
d) Paginierung

Aufgabe 18

Führen Sie mindestens drei Maßnahmen auf, die den Verkauf von Produkten in einem Webshop fördern.

Aufgabe 19

Erläutern Sie die Rolle des Rankings für Webshops.

Aufgabe 20

Führen Sie kurz Maßnahmen zur Verbesserung des Rankings auf.

5 Rechtliche Regelungen

Aufgabe 21

Lösen Sie die folgenden Aufgaben zum Impressum:

a) Was müssen Betreiber von Internetseiten, die der Anbieterkennzeichnungspflicht unterliegen, angeben?
b) Was fällt unter die Pflicht der Anbieterkennzeichnung?
c) Welche Bedingungen muss ein Impressum erfüllen?

Aufgabe 22

Was fällt unter die Pflicht zur Anbieterkennzeichnung?

(1) Vor- und Nachname
(2) Provider
(3) vollständige Postanschrift
(4) E-Mail-Adresse
(5) eine weitere Kontaktmöglichkeit
(6) Geburtsdatum
(7) ggf. entsprechende Zulassungsbehörde

Aufgabe 23

Lösen Sie den folgenden Test zur Haftung von Internetseiten und kreuzen Sie die richtige Antwort an.

a) Diese Art Link mit der deutschen Bezeichnung „Oberflächenverknüpfung“ verweist auf die Startseite einer externen Website.

(1) Frames/Inline frames
(2) Hot Links
(3) Surface Links
(4) Deep Links

b) Diese Techniken werden häufig verwendet, um Werbung oder Inhalte anderer Anbieter in eine Webseite einzubinden.

(1) Hot Links
(2) Frames/Inline frames
(3) Surface Links
(4) Deep Links

(1) Sie werden oft auch tiefe Verknüpfungen genannt. Nach dem Anklicken kommt man auf eine Unterseite der externen Website.

(1) Deep Links
(2) Hot Links
(3) Surface Links
(4) Frames/Inline frames

d) Über einen solchen Link bekommt der Benutzer der Internetseite externe Inhalte zur Ansicht. Dabei wird die fremde Herkunft dieser Information für ihn nicht ersichtlich.

(1) Frames/Inline frames
(2) Deep Links
(3) Surface Links
(4) Hot Links

e) Wenn man bei der Erstellung eigener Internetseiten fremdes Material verwendet, muss man die Regeln des Urheberrechts beachten. Diese sind vor allem im Urheberrechtsgesetz (UrhG) festgelegt.

(1) wahr
(2) falsch

f) Kreuzen Sie die zutreffende Antwort an. Das Urheberrecht schützt vor allem die folgenden Materialien:

(1) Filmwerke
(2) spontane Ideen
(3) Lichtbildwerke
(4) Musikwerke
(5) amtliche Werke
(6) wissenschaftliche Erkenntnisse
(7) Sprachwerke

g) Zu den Sprachwerken zählen:

(1) Reden
(2) Liedtexte
(3) Software
(4) Texte

h) Zu den Musikwerken zählen:

(1) Noten
(2) Melodien
(3) Software
(4) Liedtexte

i) Zu den Lichtbildwerken zählen:

(1) Videos
(2) Fotos
(3) Filme

j) Zu den Filmwerken zählen:

   (1) Videos
   (2) Melodien
   (3) Filme
   (4) Fotos
   (5) Software

k) Stimmt die nachfolgende Aussage? Möchte man auf seiner eigenen Website fremdes Material verwenden, reicht es, den Urheber zu nennen und ggf. auf die Quelle zu verlinken.

   (1) wahr
   (2) falsch

l) Stimmt die nachfolgende Aussage? Für die Nutzung eines fremden Werkes ist das Einverständnis des Urhebers zwingend notwendig.

   (1) wahr
   (2) falsch

m) Fremdes Material darf zu privaten Zwecken unter folgenden Bedingungen kopiert werden: Die Vervielfältigung darf in keiner Weise einem Erwerbszweck dienen. Zudem darf die Kopie nicht weiterverbreitet oder anderen öffentlich zugänglich gemacht werden. Auch darf nicht gegen Gesetze verstoßen werden.

   (1) wahr
   (2) falsch

Aufgabe 24

Führen Sie auf, welche speziellen rechtlichen Regelungen (neben dem normalen Fernabsatzrecht) von Webshops beim Verkauf besondere Produkte beachtet werden müssen.

Aufgabe 25

Warum wurden vom Gesetzgeber eine Reihe von Vorschriften zur Regelung des Wettbewerbs in der Wirtschaft erlassen?

Aufgabe 26

Wo kann man gesetzliche Vorschriften zur Regelung des Wettbewerbs finden?

Aufgabe 27

Was versteht man unter unlauterem Wettbewerb?

Aufgabe 28

Erläutern Sie die Preisangabenverordnung (PAngV).

Aufgabe 29

Was versteht man unter den folgenden Begriffen des Datenschutzes?

a) Zutrittskontrolle
b) Zugangskontrolle
c) Zugriffskontrolle
d) Weitergabekontrolle
e) Eingabekontrolle
f) Auftragskontrolle
g) Verfügbarkeitskontrolle
h) Trennungsgebot

Aufgabe 30

Erläutern Sie die Begriffe:

a) Bedeutung des Datenschutzes
b) Aufgabe des Datenschutzes
c) Bedeutung des Begriffs „personenbezogene Daten“
d) Rechte der Betroffenen
e) Pflichten der Datenverarbeiter

6 Serviceleistungen

Aufgabe 31

Führen Sie mindestens drei mögliche Serviceleistungen eines Webshops auf.

Aufgabe 32

Wodurch unterscheiden sich Cross-Selling und Up-Selling?

Aufgabe 33

Lösen Sie die folgende Aufgaben zum Cross- und Up-Selling, indem Sie die zutreffenden Antworten ankreuzen.

a) Welche Vorteile bietet das Anbieten von Ergänzungsartikeln?

(1) Die Ergänzungsartikel bringen mehr Nutzen für den Kunden.
(2) Als Ergänzungsartikel werden nur notwendige Zusatzartikel genannt.
(3) Der Kunde erkennt, dass der Verkäufer sich für seine Probleme interessiert.
(4) Die Ergänzungsangebote steigern Umsatz und Gewinn.

b) Was sind Beispiele für Cross-Selling?

(1) Für eine Kamera werden zusätzlich passende Akkus angeboten.
(2) Beim Kauf eines Laptops wird ein gleichwertiger oder besserer Laptop zu einem höheren Preis vorgeschlagen.
(3) Beim Kauf eines Fernsehers wird ein HDMI-Kabel angeboten.
(4) Es werden verschiedene Kaffeesorten zum Kauf einer Kaffeemaschine vorgestellt.

c) Was sind Beispiele für Up-Selling)

(1) Zu einem DVD-Brenner werden DVD-Rohlinge vorgeschlagen.

(2) Beim Kauf eines Fernsehers wird ein hochwertigerer Fernseher vorgestellt.

(3) Neben einem Einsteiger-Smartphone wird ein neues, teureres Smartphone angeboten.

(4) Beim Kauf einer Gitarre werden Gitarren-Saiten angeboten.

d) Was sollte beim Up- und Cross-Selling beachtet werden?

(1) Die für das Cross-Selling oder Up-Selling vorgesehenen Artikel sollten direkt unter dem Bild und/oder der Beschreibung des eigentlich vorgestellten Artikels gezeigt werden oder alternativ neben dem eigentlichen Produktbild.

(2) Die vorgestellten Artikel sollten auch zum eigentlichen Produkt passen.

(3) Möglichst nur die teuersten Artikel vorstellen.

(4) Um zu verhindern, dass Käufer von der Produktdetailseite abgelenkt werden, kann mit JavaScript-Layern gearbeitet werden.

e) Was sollte außerdem noch beim Up- und Cross-Selling beachtet werden?

(1) Webshops mit großem Sortiment sollten ihre Up- und Cross-Selling-Produkte in Gruppen einteilen, damit der Kunde nicht die Übersicht verliert.

(2) Das Anbieten von Vergleichsfunktionen kann sich sehr positiv auswirken, da es den Kunden eine bessere Übersicht gibt.

(3) Stellt man im Zuge einer Up-Selling-Strategie teurere Artikel vor, sollte man deutlich die Gründe für die höheren Preise aufführen.

(4) Pop-up-Fenster, die auf Artikel hinweisen, die mit dem gerade betrachteten Produkt nichts zu tun haben.

7 Zahlungsverkehr

Aufgabe 34

Was versteht man unter Barzahlung?

Aufgabe 35

Führen Sie Funktion und Bestandteile einer Quittung auf.

Aufgabe 36

Unterscheiden Sie Dauerauftrag und Lastschriftverfahren als Sonderformen der bargeldlosen Zahlung.

Aufgabe 37

Führen Sie die traditionellen Zahlungsarten auf, die es schon vor dem Aufkommen des E-Commerce gab.

Aufgabe 38

Erläutern Sie die Zahlungsart von Anbietern wie Amazon-, Apple- und GooglePay.

8 Zusammenstellung des Sortiments

Aufgabe 39

Was versteht man unter einem Sortiment?

Aufgabe 40

Unterscheiden Sie Sortimentsbreite und Sortimentstiefe.

Aufgabe 41

Führen Sie Maßnahmen auf, mit denen ein Onlineshop für die Sortimentsbildung relevante Informationen über die Nachfrage bekommen kann.

Aufgabe 42

Welche Marktstrategien gibt es?

Aufgabe 43

Erläutern Sie, was Marktfeldstrategien sind und erläutern Sie kurz die Arten.

Aufgabe 44

Unterscheiden Sie Massenmarktstrategie und Marktsegmentierungsstrategie im Rahmen der Marktparzellierung.

Aufgabe 45

Erläutern Sie die folgenden Begriffe.

a) Kernsortiment
b) Randsortiment
c) NOS-Artikel

9 Die Struktur von Bestellungen

Aufgabe 46

Beschreiben Sie, was man unter den folgenden Begriffen versteht:

a) Einpöster
b) Single Liner
c) Mehrpöster

Aufgabe 47

Erläutern Sie die Sendungsteilung.

10 Beschaffungsrelevante Absatzzahlen

Aufgabe 48

Führen Sie einige Absatzkennzahlen auf, die zur Unterstützung der Beschaffung herangezogen werden können.

11 Die Produktbeschreibung auf der Produktdetailseite

Aufgabe 49

Der Abschluss vieler Kaufverträge in einem Webshop hängt von der Qualität der Produktbeschreibungen auf den Produktdetailseiten ab.

Ergänzen Sie den Text zur Produktbeschreibung auf der Produktdetailseite um die folgenden Begriffe:

Formatierungen – Listen – Registerkarten – Symbole – 150 – Zwischenüberschriften

Eine Produktbeschreibung sollte aus bis max. __________ Wörtern bestehen.

Über Reiter, die oft auch __________ genannt werden, können unterschiedliche Textblöcke aufgerufen werden. Mithilfe von Reitern kann die Produktbeschreibung in mehrere kürzere Abschnitte unterteilt werden.

__________________ gliedern sehr lange und massiv wirkende Texte.

Statt Informationen in Fließtext unterzubringen, können diese auch durch __________ schnell erfassbar gemacht werden.

Lange und massive Texte können durch __________ gelockert werden.

An der richtigen Stelle im Text untergebracht, können __________ den Text einer Produktbeschreibung sinnvoll ergänzen.

Aufgabe 50

Der Auswahl eines Artikels auf der Produktdetailseite kommt eine immense Bedeutung zu. Erläutern Sie in diesem Zusammenhang die folgenden Begriffe:

a) Auswahlhilfen
b) Ergänzungsartikel

c) Hilfen zur Größenermittlung
d) Cross-Selling
e) Buy Box
f) Alternativprodukte
g) Layer
h) Symbole und Infoblöcke

12 Der Checkout-Prozess

Aufgabe 51

Beantworten Sie die folgenden Fragen zur Anmeldung bzw. Registrierung durch den Kunden.

a) Sollte es die Möglichkeit geben, sich als Gast anzumelden?

(1) ja
(2) nein

b) Bei den Passwort-Vorgaben, wenn der Kunde ein Passwort wählt, sollte man ...

(1) immer ein möglichst langes und kompliziertes Passwort vom Kunden verlangen.
(2) gut abwägen, wie sinnvoll eine bestimmte Länge und Kompliziertheit für den Kunden und den Webshop ist.
(3) immer ein möglichst kurzes und einfaches Passwort verlangen.
(4) für die Kunden leicht nachvollziehbare Passwörter wie z. B. „Passwort“ verlangen.

c) Man sollte so viele Informationen wie möglich abfragen, da ein Kunde gerne alles über sich preisgibt.

(1) wahr
(2) falsch

d) Die Eingaben der Kunden sollten schon während des Eingebens automatisch auf Plausibilität überprüft werden.

(1) wahr
(2) falsch

e) Werden in den Pflichtfeldern durch den Kunden keine Angaben gemacht, muss er darauf sofort hingewiesen werden.

(1) wahr
(2) falsch

f) Bei jedem Feld sollte untersucht werden, ob die Eingabe des Kunden Sinn ergibt.

(1) wahr
(2) falsch

g) Wie kann ein Unternehmen sicherstellen, alle für die Geschäftsabwicklung erforderlichen Angaben vom Kunden zu erhalten?

(1) Leer gelassene Felder mit einem roten Hintergrund oder einem roten Ausrufezeichen markieren.
(2) Positives Feedback durch grünen Hintergrund oder grünen Haken bei richtiger Eingabe.
(3) Angaben nur in einer Bestätigungs-Mail erneut abfragen lassen.
(4) Fehlermeldung, wenn die Eingabe keinen Sinn ergibt

Aufgabe 52

Lösen Sie die folgenden Aufgaben zum Warenkorb:

a) Folgende Elemente muss ein Warenkorb mindestens haben:

(1) einen Download-Button für die AGB
(2) eine Übersicht über die ausgewählten Artikel
(3) eine Fortschrittsanzeige
(4) einen Tragegriff

b) Der Call-to-Action-Button ermöglicht es dem Kunden, ein Onlinetelefonat mit dem Kundenservice zu beginnen.

(1) wahr
(2) falsch

c) Das Ziel eines Call-to-Action-Buttons ist, dass die Besucher des Webshops eine gewünschte und benötigte Aktion ausführen. Der potenzielle Kunde wird aufgefordert, eine bestimmte Handlung durchzuführen.

(1) wahr
(2) falsch

d) Die sogenannte Fortschrittsanzeige informiert den potenziellen Käufer über die Abfolge der weiteren Schritte bis zum Ende des Kaufvorgangs.

(1) wahr
(2) falsch

e) Welche Daten kann der Kunde unter anderem der Artikelauflistung im Warenkorb entnehmen?

(1) die jeweiligen Artikelnummern
(2) Qualitätssiegel
(3) Lieferbarkeit der Artikel
(4) Information über Umtauschregelungen
(5) Einzelpreis des Artikels
(6) die jeweils ausgewählte Variante des Artikels

f) Ausschließlich bei der Angabe der einzelnen Artikelpreise ist die Preisangabenverordnung zu beachten. Danach können die angegebenen Preise Gesamtpreise sein.

(1) wahr
(2) falsch

g) Ein gemischter Warenkorb liegt vor, wenn die im Warenkorb enthaltenen Artikel verschiedenen Umsatzsteuersätzen unterliegen.

(1) wahr
(2) falsch

h) Welches Element gehört nicht zu einem Warenkorb?

(1) Fortschrittsanzeige
(2) Impressum
(3) Artikelauflistung
(4) Angabe der normalen Versandkosten

Aufgabe 53

Bringen Sie die Elemente in die richtige Reihenfolge.

(1) Auswahl der Zahlungsart ☐

(2) Abschluss des Kaufvertrages unter Beachtung bestimmter rechtlicher Vorgaben ☐

(3) die Ansicht des Warenkorbs ☐

(4) Dank an den Kunden ☐

(5) Auswahl des Versandwegs ☐

(6) Anmeldung des Kunden beim Webshop ☐

(7) gegebenenfalls Registrierung des Kunden beim Webshop ☐

Aufgabe 54

Ergänzen Sie den folgenden Text zum Abschluss des Checkout-Prozesses um die Begriffe:

Kosten – allgemeine – Gesamtpreis – gesetzlichen – Übersichtsseite – Verkaufsabwicklung – Waren – Widerrufsrecht

Auf der __________ werden dem Kunden die Angaben, die er während der ______________ vorgenommen hat, noch einmal übersichtlich dargestellt. Er soll alle gewählten Optionen auf einen Blick erfassen können.

Die ____________________ Regelungen sehen vor, dass der Kunde der Übersichtsseite die folgenden Pflichtangaben entnehmen kann:

- die ausgewählten ____________ oder Dienstleistungen
- die wesentlichen Merkmale der Waren oder Dienstleistungen
- den ____________
- Hinweis auf weitere ____________
- die Angaben zum ____________
- und soweit vorhanden die Hinweise zu den allgemeinen Geschäftsbedingungen

Der Käufer gibt eine _________ Willenserklärung zum Abschluss eines Kaufvertrages ab, wenn er seine Kaufabsicht deutlich äußert. Dazu bietet ihm der Webshop die Möglichkeit einer Schaltfläche (Button) mit einer entsprechenden eindeutigen Beschriftung.

Aufgabe 55

Führen Sie einige Maßnahmen für die benutzerfreundliche Gestaltung des Checkout-Prozesses auf.

Aufgabe 56

Was versteht man unter dem Prinzip der Datensparsamkeit?

Aufgabe 57

Wo liegt der Unterschied für Unternehmen und Käufer zwischen der Möglichkeit eines Gastzuganges oder eines Kundenkontos?

Aufgabe 58

Führen Sie Maßnahmen des Risikomanagements auf.

Aufgabe 59

Welche weiteren Lieferwege gibt es neben der Zustellung von Waren über Post oder Paketdienste?

Aufgabe 60

Erläutern Sie kurz, welche Arten von Kundendaten es gibt und wie diese gewonnen werden können.

13 Der Abschluss von Verträgen

Aufgabe 61

Was sind Rechtsgeschäfte?

Aufgabe 62

Unterscheiden Sie einseitige von mehrseitigen Rechtsgeschäften.

Aufgabe 63

Die Rechtsgültigkeit von Rechtsgeschäften kann eingeschränkt werden, wenn Gründe für die Anfechtung oder Nichtigkeit vorliegen. Bitte bearbeiten Sie die folgenden Punkte zu diesem Sachverhalt.

a) Welche Auswirkung hat die Nichtigkeit einer Willenserklärung für die Gültigkeit eines Rechtsgeschäfts?
b) Nennen Sie Gründe für die Nichtigkeit von Willenserklärungen.
c) Welche Auswirkungen hat die Anfechtbarkeit einer Willenserklärung für die Gültigkeit eines Rechtsgeschäfts?
d) Nennen Sie Gründe für die Anfechtung von Willenserklärungen.

Aufgabe 64

Beurteilen Sie folgende Fälle im Hinblick auf die rechtlichen Folgen.

a) Eine Ware, die 198,00 € kostet, wird irrtümlich mit 189,00 € angeboten.
b) Ein Kunsthändler verkauft die Kopie eines Bildes als Original.
c) Der sechzehnjährige Frank Schrader kommt stolz mit einem Motorrad nach Hause. Er hat es für 1 250,00 € gekauft. Den Kaufpreis will er in zehn Raten abbezahlen. Sein Vater ist nicht so begeistert und verlangt, dass er das Motorrad zurückbringt.
d) Ein Druckereibesitzer schließt den Kauf eines Grundstücks mündlich ab.
e) Ein Großhändler verrechnet sich bei der Ermittlung des Verkaufspreises für eine Ware. Irrtümlich berechnet er 28,50 € anstatt 32,60 €.
f) Der Kaufpreis eines Hauses war doppelt so hoch wie der durch ein späteres Gutachten ermittelte Wert.

Aufgabe 65

§ 1 BGB regelt die Rechtsfähigkeit. Welche der folgenden Aussagen ist richtig?

(1) Wer rechtsfähig ist, ist auch volljährig.
(2) Wer rechtsfähig ist, ist auch geschäftsfähig.
(3) Jeder Mensch kann ohne Einschränkungen Verträge abschließen.
(4) Jeder Mensch ist Träger von Rechten und Pflichten.
(5) Nur Rechtsanwälte und Notare sind rechtsfähig

Aufgabe 66

Vervollständigen Sie den Satz: Die Rechtsfähigkeit des Menschen beginnt mit ...

(1) Vollendung der Geburt.
(2) 7 Jahren.
(3) 18 Jahren.
(4) 16 Jahren.
(5) 6 Jahren.

Aufgabe 67

Vervollständigen Sie den Satz: Die Rechtsfähigkeit natürlicher Personen endet mit ...

(1) der Aberkennung der bürgerlichen Ehrenrechte.
(2) der Entmündigung aufgrund von psychischen Störungen.
(3) der Anordnung einer Pflegschaft aufgrund sehr hohen Alters.
(4) dem Tod.
(5) Betreten eines Gerichts.

Aufgabe 68

Welche der folgenden Definitionen zur „Geschäftsfähigkeit" ist richtig?

(1) Fähigkeit einer Person, Träger von Rechten und Pflichten zu sein
(2) Fähigkeit einer Person, Rechtsgeschäfte rechtswirksam abzuschließen
(3) Fähigkeit einer Person, rechtsgültige Kreditgeschäfte abzuschließen
(4) Fähigkeit einer Person, gewerbsmäßig die Lagerung von fremden Gütern zu übernehmen
(5) Fähigkeit einer Person, die Versendung von Gütern durch Frachtführer zu besorgen

14 Erfüllungsort und Gerichtsstand

Aufgabe 69

Was ist ein Erfüllungsort?

Aufgabe 70

Erläutern Sie die gesetzliche Regelung für den Erfüllungsort.

Aufgabe 71

Was ist ein vertraglicher Erfüllungsort?

Aufgabe 72

Führen Sie kurz die Bedeutung des Begriffs „Gerichtsstand" an.

Aufgabe 73

Die Center Großhandels GmbH (Köln) hat wiederholt von einem Industriebetrieb in Hamburg Lederwaren mit großer Verzögerung erhalten. Diesmal ist sie so verärgert, dass sie eine Klage auf Schadenersatz in Höhe von 1 200,00 € erwägt. Zu Erfüllungsort und Gerichtsstand wurden keine Vereinbarungen getroffen.

Welche Antwort ist richtig?

(1) Zuständig wäre auf jeden Fall ein Gericht in Köln, weil der Center Großhandels GmbH der Weg bis zum Hamburger Gericht nicht zumutbar wäre, zumal allein der Industriebetrieb Lieferverzögerungen verschuldet hat.

(2) Zuständig wäre ein Gericht in Hamburg, weil der Verkäufer dem Käufer die ordnungsgemäße Lieferung schuldet. Deshalb ist der Erfüllungsort für die Warenlieferung der Wohn- und Geschäftssitz des Verkäufers.

(3) Bei der Höhe des Streitwerts wäre das Landgericht am Gerichtsstand zuständig.

15 Kaufvertragsarten

Aufgabe 74

Erläutern Sie die folgenden Kaufvertragsarten.

a) Kauf auf Probe

b) Kauf nach Probe
c) Kauf zur Probe
d) Gattungskauf
e) Stückkauf
f) Terminkauf
g) Fixkauf
h) Kauf auf Abruf
i) Kauf gegen Anzahlung
j) Bestimmungskauf
k) Zielkauf

Aufgabe 75

Ordnen Sie die jeweiligen Fälle a) bis e) den Kaufvertragsarten 1 bis 3 zu:

a) Der 20-jährige Azubi kauft einen Gebrauchtwagen beim Händler. ☐

b) Der Unternehmer kauft für seine Tochter eine Filmkamera im Einkaufszentrum beim Fotohändler. ☐

c) Uwe Otte benötigt einen A3-Drucker. Sein Onkel veräußert ihm seinen kürzlich erworbenen Drucker. ☐

d) Ein Einzelhandelskaufmann schließt mit seinem Freund einen Kaufvertrag über zwei Handbälle ab. ☐

e) Eine Großhandlung verkauft Spanplatten an einen Tischler. ☐

(1) bürgerlicher Kauf
(2) einseitiger Handelskauf
(3) zweiseitiger Handelskauf

Aufgabe 76

Die Jansen KG kauft bei einem Industrieunternehmen zunächst lediglich eine geringe Menge, um sie zu testen. Um welche Kaufvertragsart handelt es sich?

(1) Kauf auf Probe
(2) Kauf nach Probe
(3) Kauf zur Probe
(4) Gattungskauf
(5) Stückkauf

16 Die Allgemeinen Geschäftsbedingungen

Aufgabe 77

Was sind AGB (Allgemeine Geschäftsbedingungen)?

Aufgabe 78

Wozu dienen die AGB?

Aufgabe 79

Führen Sie kurz Bestimmungen des AGB-Gesetzes auf.

Aufgabe 80

Beantworten Sie die folgenden Fragen zu den AGB.

a) Welche Aussage über die AGB ist **falsch**?

(1) vorformulierte Vertragsbedingungen
(2) gibt es nur für Branchen
(3) Klauseln werden im Einzelnen nicht ausgehandelt.
(4) werden einer Vertragspartei von einer anderen Vertragspartei einseitig gestellt

b) Welche Aussage über die AGB ist richtig?

(1) stärken die Stellung des Käufers
(2) schränken die Vertragspflichten des Verkäufers ein
(3) vergrößern das Risiko des Verkäufers
(4) stärken die Rechte des Käufers

c) Wer soll durch das AGB-Gesetz geschützt werden?

(1) Kunden
(2) Verkäufer
(3) Lieferanten
(4) Verbraucher

d) Was sind keine Inhalte der AGB?

(1) Gewährleistungsansprüche
(2) Gefahrenübergang
(3) Namen der Kunden
(4) Erfüllungsort

e) Wann gelten die AGB nicht?

(1) Der Verkäufer weist ausdrücklich auf diese hin.
(2) Die AGB sind nur mit einer Lupe zu lesen.
(3) Der Käufer stimmt den AGB zu.
(4) Die AGB sind für den Käufer leicht erreichbar.

f) Was ist oberster Grundsatz des AGB-Gesetzes?

(1) Kunden müssen freundlich bedient werden.
(2) Verbraucher müssen immer einen Rabatt eingeräumt bekommen.
(3) Der Verbraucher darf nicht unangemessen benachteiligt werden.
(4) Verbraucher müssen Ware immer umtauschen dürfen.

g) In den AGB steht, dass mit dem Kauf einer Ware gleichzeitig eine andere Ware gekauft werden muss. Warum ist diese Klausel ungültig?

(1) Persönliche Absprachen haben Vorrang vor den AGB.
(2) AGB dürfen keine „überraschenden" Klauseln enthalten.
(3) Es liegt eine nachträgliche Preiserhöhung vor.
(4) Die gesetzliche Gewährleistungsfrist wurde verkürzt.

h) Im Verkaufsgespräch einigt man sich auf 2 % Skonto. Die AGB des Kaufvertrages enthalten jedoch die Formulierung „zahlbar sofort ohne Abzug“. Warum ist diese Klausel ungültig?

(1) Persönliche Absprachen haben Vorrang vor den AGB.
(2) AGB dürfen keine „überraschenden“ Klauseln enthalten.
(3) Es liegt eine nachträgliche Preiserhöhung vor.
(4) Die gesetzliche Gewährleistungsfrist wurde verkürzt.

i) In den AGB steht die Klausel: „Wir behalten uns jederzeit Preiserhöhungen vor.“ Warum ist diese Klausel ungültig?

(1) Persönliche Absprachen haben Vorrang vor den AGB.
(2) AGB dürfen keine „überraschenden“ Klauseln enthalten.
(3) Es liegt eine nachträgliche Preiserhöhung vor.
(4) Die gesetzliche Gewährleistungsfrist wurde verkürzt.

j) In den AGB steht die Klausel: „Die Gewährleistungsfrist beträgt vier Monate.“ Warum ist diese Klausel ungültig?

(1) Persönliche Absprachen haben Vorrang vor den AGB.
(2) AGB dürfen keine „überraschenden“ Klauseln enthalten.
(3) Es liegt eine nachträgliche Preiserhöhung vor.
(4) Die gesetzliche Gewährleistungsfrist wurde verkürzt.

17 Fernabsatzrecht

Aufgabe 81

Erläutern Sie das gesetzliche Widerrufsrecht.

Aufgabe 82

Wozu dient ein Disclaimer?

Aufgabe 83

Wie kann der Kunde über das Zustandekommen des Vertrages in einem Webshop informiert werden?

Aufgabe 84

Was versteht man unter einer Bestätigung durch Leistungserfüllung?

Aufgabe 85

Führen Sie Störfaktoren der Datenübermittlung für die Vertragserfüllung in Webshops auf.

18 Datenschutz und Datensicherheit

Aufgabe 86

Im Checkout-Prozess müssen Webshops ihre Kunden über die Verarbeitung personenbezogener Daten informieren.

a) Wie nennt man diese Maßnahme?
b) Auf welche rechtlichen Grundlagen ist diese Maßnahme zurückzuführen?

Aufgabe 87

Erläutern Sie kurz das Auskunftsrecht von Kunden nach der Datenschutzgrundverordnung?

Aufgabe 88

Führen Sie mindestens drei Rechte von Betroffenen nach der Datenschutzgrundverordnung bzw. dem Bundesdatenschutzgesetz auf.

Aufgabe 89

Führen Sie Gebote des Datenschutzes auf, die sowohl für den Datenschutz als auch für die Datensicherheit relevant sind.

Aufgabe 90

Erläutern Sie die folgenden Verfahren für die Datensicherheit.

a) programmtechnische Verfahren
b) technische Verfahren
c) organisatorische Verfahren

Aufgabe 91

Erläutern Sie den Begriff „2-Faktor-Authentifizierung".

19 Grafische Darstellung von Produkten

Aufgabe 92

Bei der Vertragsanbahnung spielen auch die auf den einzelnen Seiten des Webshops verwendeten Fotos eine bedeutende Rolle.

Erläutern Sie in diesem Zusammenhang die Begriffe:

a) Bildschirmauflösung
b) Komprimieren
c) Konvertieren

Aufgabe 93

Erläutern Sie die beiden folgenden Begriffe:

a) Skalierung
b) Vektorgrafik

Aufgabe 94

Nennen Sie jeweils zwei Formate der folgenden Begriffe.

a) normale Bilddateien
b) Vektorgrafiken
c) Videodateien

B

GESCHÄFTSPROZESSE IM E-COMMERCE

1 Online-Vertriebskanäle auswählen und einsetzen

Aufgabe 95

Entscheiden Sie, ob die Aussagen für B2B oder B2C gelten

(1) Verkaufsabschlüsse mit einzelnen Käufern	
(2) Kunden zahlen mit eigenem Geld.	
(3) komplexe Produkte und Dienstleistungen	
(4) vergleichsweise niedriger Wert pro Verkaufstransaktion	
(5) Verkaufsaktionen ziehen sich oft über längeren Zeitraum hin.	
(6) Einkäufer treffen rational begründete Entscheidungen nach vielfältigen Prüfungen.	
(7) Auf diesem Markt auftretende Händler haben relativ wenige Kunden, die allerdings mit hohen Beträgen zum Umsatz beitragen.	
(8) Onlinemarketing ist entscheidend für die Absatzförderung.	
(9) Verkaufsabschlüsse finden zu normalen Geschäftszeiten statt.	
(10) Die meisten Kunden sind Stammkunden. Es gibt wenig Neukunden.	

(11) Webshops werden meist nur kurz von wechselnden Interessenten besucht.

(12) Auch wenn Preisdifferenzierungen im B2C auch schon anzutreffen sind, gilt hier für einen Großteil der Angebote, dass Kunden die gleichen Preise sehen.

Aufgabe 96

Führen Sie verschiedene Onlinevertriebskanäle auf.

Aufgabe 97

Was bedeuten die folgenden Kriterien zur Beurteilung von Webshops oder Shopsoftware?

a) Angemessenheit
b) Sicherheit
c) Interoperabilität
d) Konformität
e) Ordnungsmäßigkeit
f) Richtigkeit

Aufgabe 98

Beantworten Sie die folgenden Fragen.

a) Unter der Usability eines Webshops versteht man:

(1) die Rentabilität
(2) die Verkaufsgeschwindigkeit
(3) die Benutzerfreundlichkeit
(4) die Fehlertoleranz

b) Wählen Sie den richtigen Bestandteil der Funktionalität aus. Kann die Software mit anderen vorgegebenen Computersystemen bzw. Programmen zusammenarbeiten und -wirken?

(1) Richtigkeit
(2) Interoperabilität
(3) Sicherheit
(4) Erwartungskonformität

c) Wählen Sie den richtigen Bestandteil der Funktionalität aus. Hält die Software anwendungsspezifische Normen oder Vereinbarungen ein?

(1) Ordnungsmäßigkeit
(2) Interoperabilität
(3) Angemessenheit
(4) Usability

d) Wählen Sie den richtigen Bestandteil der Funktionalität aus. Umfasst das Programm geeignete Funktionen für spezielle Aufgaben?

(1) Angemessenheit
(2) Konformität
(3) Interoperabilität
(4) Usability

e) Wählen Sie den richtigen Bestandteil der Funktionalität aus. Werden richtige Ergebnisse geliefert bzw. richtige Wirkungen erzielt?

(1) Ordnungsmäßigkeit
(2) Sicherheit
(3) Richtigkeit
(4) Steuerbarkeit

f) Wählen Sie den richtigen Bestandteil der Funktionalität aus. Verhindert die Software unberechtigte (sowohl vorsätzliche als auch versehentliche) Zugriffe auf Daten und Programmteile?

(1) Angemessenheit
(2) Sicherheit
(3) Ordnungsmäßigkeit
(4) Usability

g) Wählen Sie den richtigen Bestandteil der Funktionalität aus. Hält das Softwareprodukt Standards, Konventionen oder gesetzliche Bestimmungen (im Hinblick auf die Funktonalität) ein?

(1) Sicherheit
(2) Richtigkeit
(3) Konformität
(4) Usability

h) Welche zwei Arten der Ergonomie gibt es im Zusammenhang mit der Usability?

(1) Hardwareergonomie
(2) Shopwareergonomie
(3) Malwareergonomie
(4) Softwareergonomie

i) Wählen Sie den richtigen softwareergonomischen Grundsatz aus. Der Anwender kann Dialoge optimal so beeinflussen, dass er sein gewünschtes Ziel erreicht.

(1) Lernförderlichkeit
(2) Selbstbeschreibungsfähigkeit
(3) Steuerbarkeit
(4) Rentabilität

j) Wählen Sie den richtigen softwareergonomischen Grundsatz aus. Einstellungen in dem Programm bzw. im Output der Programme sollten personenabhängig eingestellt und gespeichert werden können. Die Kommunikation zwischen Programm und dem Anwender sowie die Darstellung der Informationen sollten an die individuellen Fähigkeiten und Bedürfnisse angepasst werden können.

(1) Individualisierbarkeit
(2) Aufgabenangemessenheit
(3) Fehlertoleranz
(4) Rentabilität

k) Wählen Sie den richtigen softwareergonomischen Grundsatz aus. Die Anordnung von Informationen und die Bedeutung von Symbolen sollten den Erwartungen der Anwender entsprechen. Der Benutzer sollte davon ausgehen können, dass das Programm die Kenntnisse seines Arbeitsgebietes und seiner Erfahrung widerspiegelt. Wichtig ist als weiteres Beispiel, dass Funktionstasten in allen Menüs und Masken gleichartig verwendet werden.

(1) Lernförderlichkeit
(2) Erwartungskonformität
(3) Steuerbarkeit
(4) Rentabilität

l) Wählen Sie den richtigen softwareergonomischen Grundsatz aus. Die Software soll die Arbeitsschritte zur Erledigung der beabsichtigten Aufgabe genau abbilden. Die Funktionen des Programms basieren auf charakteristischen Eigenschaften der Arbeitsaufgabe.

(1) Selbstbeschreibungsfähigkeit
(2) Aufgabenangemessenheit
(3) Ordnungsmäßigkeit
(4) Liquidität

m) Wählen Sie den richtigen softwareergonomischen Grundsatz aus. Die Software sollte so gestaltet sein, dass der Anwender die Nutzung des Programms leicht lernen kann. Erreicht werden kann dies zum Beispiel durch durchgängige Konzepte bei der Strukturierung von Bedienungsschritten, Dialogen, Funktionen und Menüpunkten.

(1) Lernförderlichkeit
(2) Sicherheit
(3) Steuerbarkeit
(4) Rentabilität

n) Wählen Sie den richtigen softwareergonomischen Grundsatz aus. Mit allen programmiertechnischen Möglichkeiten sollte ein Programm helfen, Fehler zu vermeiden. Es sollte Plausibilitätskontrollen und vor allem auch Korrekturmöglichkeiten anbieten. Das beabsichtigte Arbeitsergebnis sollte auch im Falle fehlerhafter Eingaben mit nur geringem Korrekturaufwand erreicht werden.

(1) Angemessenheit
(2) Richtigkeit
(3) Fehlertoleranz
(4) Liquidität

o) Wählen Sie den richtigen softwareergonomischen Grundsatz aus. Alle Texte im Shop (aber auch in der Software für die Mitarbeiter, mit der das Shopsystem gehandelt wird) sind sofort verständlich. Sie sind selbsterklärend. Der Anwender weiß zu jeder Zeit, wo er sich in einem Programm oder Dialog befindet. Ihm ist auch klar, welche Handlungen er nun unternehmen kann.

(1) Lernförderlichkeit
(2) Erwartungskonformität
(3) Selbstbeschreibungsfähigkeit
(4) Sicherheit

Aufgabe 99

Ein ganz wichtiger Vertriebskanal im E-Commerce sind Marktplätze. Was versteht man in diesem Zusammenhang unter den folgenden Begriffen?

a) geschlossener Marktplatz
b) offener Marktplatz
c) horizontale Märkte
d) vertikale Marktplätze
e) statischer Marktplatz
f) dynamischer Markt
g) Händlerplattformen
h) Käuferplattformen
i) neutrale Marktplätze

j) Electronic Procurement
k) Geschäftsbesorgungsvertrag
l) Geschäftsbesorgung
m) selbstständige Tätigkeit
n) wirtschaftliche Tätigkeit
o) in fremdem Interesse

Aufgabe 100

Beantworten Sie die folgenden Fragen zu Marktplätzen.

a) Was trifft zu?
Der Hersteller oder Händler bietet für andere Händler eine Plattform an.

(1) Händlerplattformen
(2) neutrale Marktplätze
(3) Käuferplattformen
(4) B2B-Marktplätze

b) Was trifft zu?
Neutrale Dritte bieten eine Plattform an, auf der Hersteller und Händler Produkte anbieten und Käufer diese erwerben können.

(1) Käuferplattformen
(2) Händlerplattformen
(3) neutrale Marktplätze
(4) Verbrauchermarkt

c) Was trifft zu?
Händler und Hersteller bieten für Endkunden Waren oder Dienstleistungen an.

(1) Käuferplattformen
(2) Händlerplattformen
(3) neutrale Marktplätze
(4) B2B-Marktplätze

d) Was sind die Vorteile von elektronischen Marktplätzen?

(1) Technische Komponenten unterliegen der Aufsicht des Betreibers der Plattform.
(2) Auch unbekannte Unternehmen können erfolgreich Produkte verkaufen und weniger eigene Werbung ist notwendig.
(3) Es gelten die Regeln des Marktplatzes.
(4) Neue Märkte können schnell, einfach und ohne großes Risiko getestet werden.

e) Was sind die Instrumente des Onlinemarketing, die von elektronischen Marktplätzen angeboten werden?

(1) SOA
(2) Displaywerbung
(3) SEA
(4) SEO

f) Welche Aussage trifft auf Marktplätze zu?

(1) Es gibt immer nur einen Vertrag.
(2) Es gibt immer mehrere Verträge.
(3) Vorherrschende Vertragsart ist der Pachtvertrag.
(4) Die Verträge bei Marktplätzen nennt man E-Procurement.

g) Was ist **keine** Leistung von Onlinemarktplätzen für Händler?

(1) Marketing
(2) Abwicklung von Zahlungen
(3) Angebot von Serviceleistungen
(4) Personalbeschaffung

h) Was ist **kein** Vorteil von elektronischen Marktplätzen?
   (1) Es gelten die Regeln des Marktplatzes.
   (2) Händler hat geringen Aufwand und geringes Risiko.
   (3) schneller Test neuer Märkte
   (4) Auswahl an Produkten für den Käufer steigt.

Aufgabe 101

Ergänzen Sie den Text zum Local Commerce um die folgenden Begriffe:

Bring- oder Abhol-Service – Informationsplätze – Kunden – Kundenfreundlichkeit – Marktplatz – nicht virtuellen – Onlinehandel – regionaler – ROPO-Effekt – Show Rooming – überregionaler – Verknüpfung – Versandweg – Warenangebot – Wir-Gefühls

Im Gegensatz zu normalen Onlinemarktplätzen bietet ein ________________ Onlinemarktplatz im Normalfall nur ein lokal verfügbares Angebot von Produkten und Dienstleistungen in einem regional begrenzten Raum an. Ein ________________ Verkauf ist normalerweise nicht vorgesehen. Dies liegt zum Teil auch daran, dass der regionale Onlinemarktplatz von potenziellen Kunden außerhalb des Einzugsgebiets oft nicht wahrgenommen wird.

Bei regionalen Marktplätzen ist der ________________ besonders oft anzutreffen. Die Abkürzung steht für „Research online, purchase offline". Dies ist also der Einkauf im stationären Handel, nachdem der Kunde sich im Internet informiert hat. Den gegenteiligen Effekt nennt man ________________. Kunden informieren sich in stationären Ladengeschäften, um anschließend online einzukaufen.

Durch die Präsenz der örtlichen Behörden auf diesen Plattformen ist es für sie möglich, ihre ________________ zu steigern und Behördengänge zu vereinfachen bzw. für manche Angelegenheiten komplett zu ersetzen. Dies stellt einen Vorteil sowohl für den Bürger als auch für die Behörde (z. B. Gemeindeverwaltung) dar. Die Betreiber der regionalen Marktplätze können örtliche Verbände, das Marketingbüro der Kommune, Gemeinde, Stadt usw. oder auch private Anbieter sein. Ein weiterer Vorteil dieser Plattformen ist es, dass sie ____________________ dienen. Beispielsweise ist es leicht und einfach möglich, Veranstaltungen zu bewerben sowie deren Termine zu veröffentlichen und Bürger über sonstige Ereignisse zu informieren. Außerdem kann sich der Kunde nach Öffnungszeiten, ____________________, Anreiseweg und sonstigen Services der teilnehmenden Händler informieren.

Wichtig bei den regionalen Marktplätzen ist die ____________________ von Online- und Offlinekäufen. So ist es zum Beispiel sinnvoll, in verschiedenen Regionen einen ____________________ für die angebotenen Waren anzubieten sowie diese klassisch auf dem ____________________ zum Kunden zu schicken. Hintergrund der Idee ist, dass Innenstädte wiederbelebt und potenzielle Käufer in die ____________________ Verkaufsstraßen gebracht werden.

Da die Konkurrenz im ____________________ sehr groß ist, müssen die regionalen Marktplätze für die ____________________ attraktiv gemacht werden. So stärken verschiedene Aktionen wie die Möglichkeit, „Marktpunkte" zu sammeln und in Prämien umzutauschen oder sonstige Maßnahmen die ____________________. Auch durch das Erzeugen eines ____________________ in der Art etwa wie *„Wir kaufen in unserer Region und für unsere Region!"* kann die Kundenbindung erreicht werden. Natürlich sind diese Maßnahmen mit Kosten und immer neuen Ideen verbunden, die von den Händlern getragen bzw. gefunden werden müssen. Um jedoch die Regionen und gerade den Einzelhandel auch in wirtschaftlich schwächeren Gegenden bzw. Gegenden mit vielen älteren Menschen zu stärken, bietet sich ein regionaler ____________________ an.

Aufgabe 102

Ergänzen Sie den Text zu Auktionen um die folgenden Begriffe:

Auktionsprinzips – Bieter – dynamische – Englische Auktion – Höchstgrenze – Höchstpreis – Höchstpreisauktion – Holländische Auktion – Mindestpreis – nicht – Onlineauktionen – schnell – Second Price Sealed Bid – verdeckte Auktion – verderblichen – zweithöchsten

Auktionen zählen zu der Form des ____________________ Marktplatzes. ____________________ sind Auktionen, die über das Internet veranstaltet werden. Nach Abschluss einer Auktion zahlt der erfolgreiche ____________________ in der Regel per Nachnahme oder Überweisung. Die Ware wird dann an den Kunden versendet. In einigen Fällen zahlt der Bieter auch bar bei Abholung.

Innerhalb des ____________________ werden diverse Unterscheidungen vorgenommen. Je nachdem, was der Verkäufer erreichen und welche Produkte er verkaufen möchte, werden diese Modelle eingesetzt.

→ **Klassische Auktion** (auch ____________________ genannt)

Ein Produkt oder eine Dienstleistung wird zu einem ____________________ (Startpreis) innerhalb eines bestimmten Zeitraums angeboten. Die Käufer geben für das gewünschte Produkt Gebote ab und der Höchstbietende erhält nach dem Ablauf der Zeit den Zuschlag. Die klassische Auktion ist geeignet für verschiedene Produkte und Dienstleistungen, bei denen der Preis im Vorfeld nicht zuverlässig bestimmt werden kann.

→ ____________________ (Top-Down-Auktion)

Ein Produkt wird zu einem festgelegten ____________________ angeboten. Die Käufer können innerhalb eines festgelegten Zeitraums Preisvorschläge in bestellten Intervallen nach unten unterbreiten. Der Bieter, der den Preis, den der Verkäufer als Mindestpreis für das Produkt festgelegt hat, bietet, erhält den Zuschlag. Die Holländische Auktion ist geeignet für Produkte, die ________________ veräußert werden sollen, ggf. auch aufgrund von Wertverlust, wie bei ________________ Waren, Restposten (auch bei Reisen oder Tickets).

--> **Höchstpreisauktion** (________________)

Ein Produkt, eine Immobilie oder eine Dienstleistung wird zu einem vorher festgelegten Mindestpreis angeboten und die Bieter geben Gebote ab. Der Unterschied zur klassischen Auktion besteht darin, dass die Bieter ________________ wissen, welchen Preis die anderen Bieter als Gebot abgegeben haben. Ziel dieser Auktion ist es, einen möglichst hohen Preis zu erzielen und die Bieter an ihre „________________“ in Bezug auf das abgegebene Gebot zu treiben. Diese Art der Auktion ist geeignet für Produkte, ________________ oder Dienstleistungen, bei denen der Mindestpreis möglichst die Kosten deckt und eine Gewinnmaximierung angestrebt wird.

--> **Vickrey-Auktion** (________________)

Diese ähnelt der ________________. Die Gebote werden ebenfalls verdeckt abgegeben und der/die Höchstbietende bzw. Tiefstbietende (je nach Angebotsform) erhält den Zuschlag. Allerdings muss nur der Preis des ________________ bzw. zweitniedrigsten Gebotes gezahlt werden. Sie ist geeignet für Produkte, bei denen der Preis schwer einzuschätzen ist, deren Verkauf aber einen möglichst hohen Gewinn bringen soll.

Meist werden Produkte in Auktionen mit dem Ziel des „Verkaufs“ angeboten. Hierbei handelt es sich vorwiegend um Produkte, deren Preis schwer abzuschätzen ist, oder um Restbestände, die abverkauft werden sollen.

Aufgabe 103

Erläutern Sie die folgenden Begriffe, die im Zusammenhang stehen mit dem Kontakt zu Kunden über verschiedene Vertriebswege im Internet.

a) Webshop
b) Verkaufsplattform (B2B-Marktplatz)
c) Onlinebranchenbücher
d) Auktionsplattformen
e) Subshops
f) SEA
g) E-Mail-Marketing
h) virales Marketing
i) SEO
j) Affiliate Marketing
k) Social Media Marketing

2 Kennzahlen zur Auswertung des Nutzerverhaltens

Aufgabe 104

Was versteht man unter ROI und ROAS?

Aufgabe 105

Erläutern Sie die folgenden Begriffe.

a) Cost per Click
b) Cost per Sale (CPS)

Aufgabe 106

Was bedeutet Conversion?

Aufgabe 107

Führen Sie Beispiele für Conversions auf.

Aufgabe 108

Was versteht man unter der Conversion Rate (Konversionsrate)?

Aufgabe 109

Von 5 000 Besuchern eines Webshops schließen 450 einen Kaufvertrag ab. Wie groß ist die Konversionsrate?

Aufgabe 110

Was wird in einem Webshop als normale Konversionsrate angesehen?

Aufgabe 111

Führen Sie Elemente auf, die in einem Webshop die Konversationsrate beeinflussen können.

Aufgabe 112

Wozu dienen Analyseprogramme wie zum Beispiel Google Analytics?

Aufgabe 113

Was versteht man unter der Bounce Rate?

Aufgabe 114

Wodurch unterscheidet sich die Bounce Rate von der Exit Rate?

3 Benutzerfreundliche Prozessabläufe

Aufgabe 115

Erläutern Sie den Begriff „Customer Journey“.

Aufgabe 116

Erläutern Sie den Begriff Touchpoint.

Aufgabe 117

Welche Bedeutung haben Modelle der Attribution?

Aufgabe 118

Was versteht man unter dem „Conversion Funnel“?

Aufgabe 119

Was sind Customer Experience Systeme?

Aufgabe 120

UX-Design. Was bedeutet dieser Begriff?

Aufgabe 121

Erläutern Sie den Begriff User Interface Design (UI)?

Aufgabe 122

Was versteht man unter Usability?

Aufgabe 123

Führen Sie Beispiele für Marketingdaten auf.

Aufgabe 124

Was sind Logistikdaten?

4 Rahmenbedingungen

Aufgabe 125

Sind die folgenden Aussagen richtig (r) oder falsch (f)?

(1) Unter Stammdatenmanagement versteht man die Verwaltung von Stammdaten unter besonderer Berücksichtigung der Optimierung der Datenqualität. ☐

(2) Unter einer Dublette wird die Datenkonsistenz verstanden. ☐

(3) Artikelzugänge sind Stammdaten. ☐

(4) Artikelnummern sind Stammdaten. ☐

(5) Zahlungseingänge auf Konten sind Bewegungsdaten ☐

(6) Datenkonsistenz ist die Korrektheit von Daten innerhalb eines Datenbanksystems. ☐

(7) Die voranschreitende Digitalisierung zwingt Unternehmen dazu, Bestände an Stammdaten möglichst effizient zu nutzen. ☐

(8) Die eindeutige Benennung von Namen und Merkmalen von Daten ist wichtiger Bestandteil des Stammdatenmanagements. ☐

(9) Ziel der Datensicherung ist der Schutz der Daten vor Missbrauch, Zerstörung oder Verlust. ☐

(10) Der Schutz der personenbezogenen Daten natürlicher und juristischer Personen ist in der Datenschutzgrundverordnung verankert. ☐

(11) Ziel des Datenschutzes ist der Schutz der Privatsphäre. ☐

Aufgabe 126

Was ist ein Datenfeed?

Aufgabe 127

Datenfeeds und Produktdatenoptimierungen haben eine große Bedeutung für Webshops. Erläutern Sie die damit in Zusammenhang stehenden Begriffe:

a) Anreichern der Daten mit kaufrelevanten Attributen
b) Anlegen virtueller Produktkategorien
c) Schaffen von Konsistenz
d) Verwenden alternativer Suchbegriffe
e) Normalisierung
f) Matching

Aufgabe 128

Ergänzen Sie den folgenden Text zu Schnittstellen um die Begriffe:

Import- und Exportfunktionen – Kommandos – Kommunikation – Programmierschnittstelle – Schnittstellenprogrammierung – Softwareschnittstellen – Webshops – Wettbewerbsvorteil

Im Rahmen der – zum Teil globalen – Lieferketten sind viele hunderttausende EDV-Anwendungen miteinander verbunden. Dies wird ermöglicht über ________________, über die jedes Programm verfügt.

Mit Softwareschnittstellen kommunizieren verschiedene unterschiedliche Programme oder Programmteile miteinander. Hier werden zum Beispiel Daten oder ________________ ausgetauscht.

Ein anderer Begriff für die Softwareschnittstellen ist ______________.

International am bekanntesten ist die Abkürzung API (Application Programming Interface). Eine API ist eine programmtechnische Lösung, durch die unterschiedliche Anwendungen miteinander kommunizieren können.

Webshops profitieren durch ______________________ von erweiterten Funktionen ihrer Software. Falls eine Schnittstelle für ein anderes Programm angeboten wird, lässt sich auf diese Weise der Nutzen der ursprünglichen Software erhöhen.

Viele Softwareprodukte bieten darüber hinaus ____________________. Dies ermöglicht den Austausch von Daten zwischen unterschiedlicher Software. Das Programmieren und Entwickeln von Zusatzprogrammen für die Kommunikation der Softwareprodukte untereinander nennt man Schnittstellenprogrammierung.

Viele Webdienste, ______________________, Produktportale und generell Webseiten bieten APIs an, um die Anbindung verschiedenster Daten an die eigene Webseite zu ermöglichen. Eine besondere Form von APIs sind also Webschnittstellen. Diese ermöglichen die ______________________ verschiedener Webanwendungen. Mit diesen werden Daten ausgetauscht und auf entfernten Computern Funktionen aufgerufen.

Das Shopsystem arbeitet beim Vorhandensein einer Webschnittstelle mit den Daten anderer Programme, ohne dass diese extra mühselig noch einmal eingegeben werden müssen.

Das Angebot einer gut dokumentierten Programmierschnittstelle (API) kann im E-Commerce-Bereich einen erheblichen ______________ darstellen. Eine solche API, die vom Anbieter einer Software zur Verfügung gestellt wird, ermöglicht es anderen Programmanbietern, leicht Software für dieses System zu erstellen.

Aufgabe 129

Was versteht man unter dem Begriff API?

Aufgabe 130

Beantworten Sie die folgenden Fragen zu ERP-Systemen und Warenwirtschaftssystemen.

a) Was ist die Warenwirtschaft?

(1) eine besondere Form einer Gastwirtschaft
(2) der Kernbereich der Ware in einem Unternehmen
(3) die Arbeit mit Warenkonten der Buchführung
(4) ein anderes Wort für das Lager

b) Der gesamte Warenfluss wird von einer EDV-Anlage erfasst, gesteuert und kontrolliert. Welche Art Warenwirtschaftssystem liegt vor?

(1) manuelles Warenwirtschaftssystem
(2) EDV-gestütztes Warenwirtschaftssystem
(3) integriertes Warenwirtschaftssystem
(4) Gastwirtschaftssystem

c) Welche zwei Aufgaben haben Warenwirtschaftssysteme?

(1) Sie bilden den Warenfluss in einem Betrieb ab.
(2) Sie automatisieren das Rechnungswesen.
(3) Sie stellen Informationen aus dem Bereich der Warenwirtschaft bereit.
(4) Sie stellen Gastwirtschaften Waren zur Verfügung.

d) Was versteht man unter dem Zielkonflikt der Warenwirtschaft?

(1) hoher Lieferservice/hohe Bestände
(2) hoher Lieferservice/niedrige Bestände
(3) niedrigerer Lieferservice/hohe Bestände
(4) niedrigerer Lieferservice/niedrige Bestände

e) Informationen über Warenbewegungen liegen in Form von Belegen vor. Welche Art Warenwirtschaftssystem liegt vor?

(1) manuelles Warenwirtschaftssystem
(2) EDV-gestütztes Warenwirtschaftssystem
(3) integriertes Warenwirtschaftssystem
(4) Gastwirtschaftssystem

f) Welche Aufgaben umfasst der Warenwirtschaftsbereich eines Unternehmens?

(1) Beschaffung, Lagerung, Rechnungswesen
(2) Beschaffung, Lagerung, Absatz
(3) Beschaffung, Marketing, Absatz
(4) Beschaffung, Lagerung, ERP

g) Eingebunden sind auch andere Warenwirtschaftssysteme z. B. der Lieferanten. Welche Art Warenwirtschaftssystem liegt vor?

(1) manuelles Warenwirtschaftssystem
(2) EDV-gestütztes Warenwirtschaftssystem
(3) integriertes Warenwirtschaftssystem
(4) Gastwirtschaftssystem

h) Was sind ERP-Systeme?

(1) Systeme, die den Warenfluss in einem Betrieb abbilden
(2) Systeme für die Finanzbuchführung
(3) Systeme, die die Geschäftsprozesse des Unternehmens abbilden
(4) Systeme für das Personalwesen

i) Was ist ein Nachteil eines ERP-Systems?

(1) erhöhte Informationsqualität
(2) Überall stehen aktuelle Bestände zur Verfügung.
(3) Vermeidung der Mehrfacherfassung von Daten
(4) Komplexität

j) Was ist ein Vorteil eines ERP-Systems?

(1) Abhängigkeit vom Hersteller
(2) hohe Komplexität
(3) einfache Bedienung durch Einheitlichkeit der Benutzeroberflächen
(4) hoher Aufwand bei der Anpassung an die Bedürfnisse des Kunden

k) Welche Aussage zu ERP-Systemen ist falsch?

(1) Das auf die einzelnen Funktionsbereiche bezogene unternehmerische Handeln verliert an Bedeutung.
(2) Die Prozesse werden nicht mehr isoliert, sondern über alle Funktionsbereiche hinweg erfasst.
(3) 2 % der deutschen Unternehmen setzen ERP-Systeme ein.
(4) Der Trend geht zu web-basierten ERP Systemen.

Aufgabe 131

In Warenwirtschaftssystemen geht es auch um Beschaffungsprozesse. Beantworten Sie die folgenden Fragen zur Bezugsquellenermittlung.

a) Was versteht man unter Bezugsquellenermittlung?
b) Welche Informationsquellen dienen der Auswahl von Erstlieferern?
c) Welche Informationen enthält eine Bezugsquellendatei?
d) Welche Kriterien müssen herangezogen werden, wenn ein Artikel von mehreren Lieferern bezogen werden kann?

5 Projektorientierte Arbeitsorganisation

Aufgabe 132

Was ist kein Merkmal eines Projekts?

(1) Zusammenarbeit von Spezialisten
(2) Das Projekt ist zeitlich begrenzt.
(3) einmaliges Vorhaben
(4) Durch genaue Planung und Organisation kommt es immer zur Planerfüllung.
(5) Risikominderung durch rechtzeitige Absprachen

Aufgabe 133

Was ist eine Phase eines Projekts?

(1) Meilenstein
(2) Kick-off-Sitzung
(3) Dokumentation
(4) Projektabschluss
(5) Netzplanung

Aufgabe 134

Was ist die Phase in einem Projekt, in der die Projektarbeit inhaltlich und terminlich genau strukturiert wird?

(1) Projektstart
(2) Projektplanung
(3) Projektdurchführung
(4) Projektabschluss
(5) Nullphase

Aufgabe 135

Die Kick-off-Sitzung ist die erste gemeinsame Sitzung des Projektteams nach der Erteilung des Projektauftrages.

Was wird hier **nicht** besprochen bzw. festgelegt?

(1) Vereinbarung von Spielregeln
(2) Zusammenstellung des Projektteams
(3) Herstellen eines gleichen Informationsstandes
(4) Kennenlernen der Projektmitglieder
(5) Verteilung von Aufgaben

Aufgabe 136

Was kennzeichnet den Begriff „Meilenstein"?

(1) eine einfach zu erstellende Terminplanung von Arbeitspaketen
(2) wesentliches Zwischenziel in einem Projekt
(3) den Projektstart
(4) Präsentation des Projektergebnisses
(5) Projektidee

Aufgabe 137

Was versteht man unter der Nullphase?

(1) Es wird erkannt, dass ein Problem vorliegt, dieses Problem soll mithilfe eines Projektes gelöst werden.
(2) Die Nullphase ist der Punkt, an dem das Projekt beendet ist.
(3) Die Nullphase kennzeichnet den Zeitpunkt, an dem alle Projektmitglieder vor einem scheinbar unlösbaren Problem stehen und keiner sprichwörtlich „null Plan" hat.
(4) Die Nullphase ist der Punkt, an dem das Projekt beginnt.
(5) Es wird erkannt, dass während des Projekts keine Probleme auftauchen dürften (null Problem).

Aufgabe 138

Was kennzeichnet der Pfeil in einem Netzplan?

(1) Der Pfeil zeigt die Beziehung zwischen Vorgänger und Nachfolger an.
(2) Der Pfeil markiert in der Darstellung die Stelle des kritischen Weges, wo die meisten Probleme auftauchen könnten.
(3) Der Pfeil gibt an, wann jeder einzelne Vorgang jeweils beginnen kann.
(4) Der Pfeil informiert, wann der Vorgang frühestens beendet sein kann.
(5) Der Pfeil informiert, welche Gruppe für diesen Arbeitsbereich zuständig ist.

Aufgabe 139

Wie berechnet sich der früheste Endzeitpunkt (FEZ) in einem Netzplan?

(1) SAZ – FAZ = FEZ
(2) FAZ + FEZ – SAZ = FEZ
(3) FAZ + Dauer des Vorgangs = FEZ
(4) Dauer des Vorgangs – SEZ = FEZ
(5) FAZ – SAZ + (Dauer des Vorgangs + SEZ) = FEZ

Aufgabe 140

Erläutern Sie die folgenden Begriffe.

a) Lastenheft
b) Agilität
c) Scrum

Aufgabe 141

Erläutern Sie die folgenden Begriffe.

a) specific (spezifisch)
b) measurable (messbar)
c) achievable (angemessen und aktiv erreichbar)
d) realistic (realistisch)
e) timely oder time-bound (terminiert)

Aufgabe 142

Vervollständigen Sie die Sätze zur Projektplanung.

Arbeitspaketen – Kostenkalkulation – Planung – Projektstrukturplan – Qualitätsplanung – Reihenfolge – Ressourcenplanung – strukturiert – Visualisierung – Zeit

Innerhalb der Phase „Projektplanung“ wird die Projektarbeit inhaltlich und terminlich genau ________________.

Die Projekt Planungsphase erfolgt idealtypisch in mehreren Schritten.

Zunächst einmal versucht man, einen Überblick über die im Projekt zu erledigenden Aufgaben zu gewinnen. Diese Phase beginnt mit dem Erkennen und Beschreiben von ________________. Dies sind abgrenzbare Aufgaben, die nicht weiter sinnvoll unterteilt werden können.

Anschließend wird ein ________________ erstellt. Dieser unterteilt das Projekt visuell in einzelne Blöcke, die für das Projektteam verständlich sind. Das Projekt wird, ausgehend von der Projektaufgabe, in Teilprojekte und Arbeitspakete untergliedert.

Steht der Projektstrukturplan, erfolgt im nächsten Schritt die ________________ des Projektablaufs. Für jedes einzelne Arbeitspaket wird festgehalten, wie viel ______________ das einzelne Arbeitspaket normalerweise verbraucht. Zu ermitteln ist also die Dauer der einzelnen Tätigkeiten, wie die einzelnen Arbeitspakete logisch und zeitlich sinnvoll zusammenhängen. Geklärt wird, in welcher ______________ die Arbeitspakete zu erledigen sind.

Um einen besseren Überblick über komplexe Projekte zu bekommen, wird dann das Ergebnis einer Projektablaufplanung in der Regel grafisch dargestellt. Zur ______________ des Projektablaufs werden die drei Visualisierungsinstrumente Termintabelle, Balkendiagramm oder Netzplan herangezogen.

Um den mit den visuellen Lösungsmitteln erstellten Projektablauf später erfolgreich durchführen zu können, muss das Projektteam im Rahmen der ______________ überlegen, welche Hilfsmittel dazu noch benötigt werden.

Überprüft wird dann noch im Rahmen der ______________, ob es sich überhaupt lohnt, das Projekt durchzuführen. Die Berechnung der Kosten des Projekts dient aber auch dem Controlling des gesamten Projekts.

Abschließend wird in der ______________ noch Qualitätsmerkmale festgelegt, um sicherzustellen, dass das Projektergebnis vordefinierten Ansprüchen genügt.

Aufgabe 143

Erläutern Sie die folgenden Begriffe der Projektdurchführung.

a) meilensteinorientierte Fortschrittsmessung
b) Projektstatusbericht
c) Projektdokumentation
d) Projektmanagementsoftware
e) Balanced Scorecard-System
f) Projekt Scorecard

Aufgabe 144

Bearbeiten Sie die folgenden Aufgaben zu den Visualisierungsinstrumenten im Rahmen von Projekten

a) Was ist ein Hilfsmittel zur Visualisierung von Abläufen in Projekten?

(1) Projektplan
(2) Balkendiagramm
(3) Struktogramm
(4) Mindmap zur Vorstellung der Projektteilnehmer
(5) PowerPoint Präsentation

b) Was kennzeichnet der Pfeil in einem Netzplan?

(1) Der Pfeil zeigt die Beziehung zwischen Vorgänger und Nachfolger an.
(2) Die Darstellung des kritischen Weges, wo die meisten Probleme auftauchen könnten.
(3) Der Pfeil gibt an, wann jeder einzelne Vorgang jeweils beginnen kann.
(4) Der Pfeil informiert, wann der Vorgang frühestens beendet sein kann.
(5) Der Pfeil informiert, welche Gruppe für diesen Arbeitsbereich zuständig ist.

c) Wie berechnet sich der Früheste Endzeitpunkt FEZ in einem Netzplan?

(1) SAZ – FAZ = FEZ
(2) FAZ + FEZ – SAZ = FEZ
(3) FAZ + Dauer des Vorgangs = FEZ
(4) Dauer des Vorgangs – SEZ = FEZ
(5) FAZ –SAZ + (Dauer des Vorgangs + SEZ) = FEZ

d) Welche Aussage über den kritischen Weg ist falsch?

(1) Hier gilt: SAZ – FAZ = 0
(2) Hier bestehen keine Zeitreserven.
(3) Verbindet man die kritischen Vorgänge, so erhält man den kritischen Weg.
(4) Liegt der kritische Weg des letzten Vorgangs vor, so kennt man auch die gesamte Projektdauer
(5) Entspricht der FAZ dem SAZ, ist der Vorgang kritisch (= es bestehen keine Zeitreserven).

e) Sie sehen hier ein Ausschnitt aus dem Netzplan „Errichtung eines Lagergebäudes“. Der Ausschnitt ist jedoch unvollständig. Fügen Sie die fehlenden Zahlen oder Elemente hinzu.

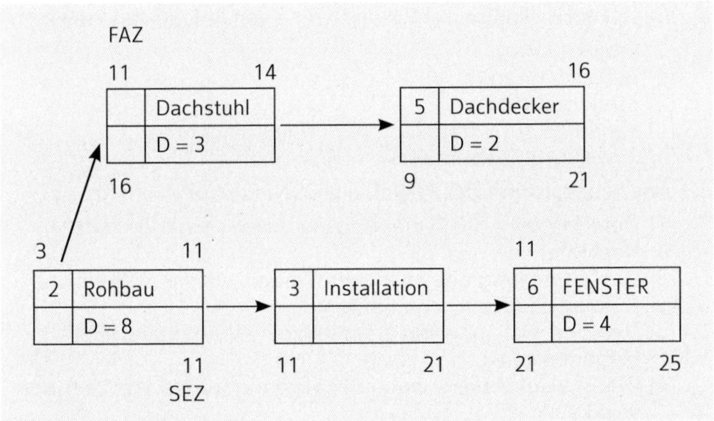

6 Marketing

Aufgabe 145

Was verstehen Sie unter dem Begriff „Marketing“?

(1) Es ist die Umsatzsteigerung durch Werbung.
(2) Es ist die maximale Aufnahmefähigkeit eines Marktes für ein Produkt in einer Periode.
(3) Es ist die Gesamtheit der absatzfördernden Maßnahmen.
(4) Es ist der Anteil eines Unternehmens am Marktvolumen.
(5) Es ist ein Verfahren der Marktforschung.

Aufgabe 146

Welches Merkmal kennzeichnet einen Käufermarkt?

(1) Dies ist ein Markt, auf dem die Nachfragen nach Gütern das Angebot übersteigen.
(2) Die Käufer entscheiden bei dieser Form des Marktes ausschließlich mithilfe von Trendscouts selbst, welches Produkt demnächst auf dem Markt erscheinen soll.
(3) Die Beschaffung von Gütern steht dort im Vordergrund.

(4) Das Angebot an Gütern übersteigt die Nachfrage.
(5) Es herrscht keine große Konkurrenz auf der Anbieterseite.

Aufgabe 147

Welches Ziel verfolgt die Marktsegmentierung?

(1) neue Produkte und Güter in das Warensortiment aufzunehmen, um so das Angebot für die Kunden zu vergrößern
(2) Kostensenkung durch Kürzung der Löhne und Gehälter
(3) ins Ausland zu expandieren, um größtmöglichen Gewinn zu erzielen
(4) Aufteilung des Gesamtmarktes in einheitliche Käufergruppen, um so eine bestmögliche Marktbearbeitung zu gewährleisten
(5) Verkäufermärkte langfristig in Käufermärkte umzuwandeln

Aufgabe148

Was versteht man im Marketing unter dem Begriff der 4 Ps?

7 Marktforschung

Aufgabe 149

Welche Eigenschaft trifft auf eine Marktbeobachtung zu?

(1) zukunftsbezogen
(2) zeitraumbezogen
(3) zeitpunktbezogen
(4) absatzbezogen
(5) Keine Alternative ist richtig.

Aufgabe 150

In der Marktforschung unterscheidet man bei der Erschließung von Informationsquellen zwischen Primär- und Sekundärforschung. Bei welcher Maßnahme handelt es sich nicht um eine Sekundärerhebung?

(1) Analyse von Geschäftsberichten der Wettbewerber
(2) Auswertung von Prospekten, Preislisten von Mitbewerbern
(3) Sichtung der Kundenstatistik
(4) Auswertung der Branchenkennzahlen des Großhandelsverbandes
(5) Durchführung von Verbraucherinterviews

8 Produktpolitik

Aufgabe 151

Was bezeichnet der Begriff „Produktlebenszyklus“?

(1) das relative Alter eines Produktes
(2) das durchschnittliche Alter der Konsumenten, die dieses Produkt kaufen
(3) die Familienstruktur der Käufer, d. h. unverheiratet, verheiratet, verheiratet ohne Kinder, verheiratet mit kleinen Kindern, verheiratet mit älteren Kindern, im Ruhestand, verwitwet
(4) die Feststellung, ob das Produkt in diesem Jahr einen guten Markt finden wird oder nicht
(5) die Absatz- bzw. Umsatzentwicklung eines Produktes über einen variablen Zeitablauf

Aufgabe 152

Was kennzeichnet die Wachstumsphase im Produktlebenszyklus?

(1) hohe Gewinne, die jedoch nur langsam anwachsen
(2) einen durch hohe Werbekosten relativ niedrigen Umsatz
(3) stark steigender Gewinn und Umsatz
(4) das Hauptziel, die Kosten möglichst gering zu halten
(5) die Absetzung kleinerer Stückzahlen

Aufgabe 153

Welche der folgenden Funktionen einer Packung war die ursprüngliche und einzige Aufgabe einer Verpackung?

(1) Informationsfunktion
(2) Rationalisierungsfunktion
(3) Umweltschutzfunktion
(4) Werbe- und Verkaufsförderungsfunktion
(5) Schutz der Ware

Aufgabe 154

Erläutern Sie die folgenden Begriffe des Markenrechts.

a) Bildmarken
b) Wortmarken
c) Zeichenmarken
d) nationale Marke
e) Unionsmarke

f) internationale Marken
g) Kollektivmarke

Aufgabe 155

Was versteht man unter dem Begriff Unique Selling Proposition (USP)?

9 Sortimentspolitik

Aufgabe 156

Welche Definition über Diversifikation ist richtig?

(1) Bei der Diversifikation werden bestimmte Artikel und Sorten aus dem Sortiment gestrichen.
(2) Bei der Diversifikation werden zusätzliche Artikel und Sorten in das Sortiment aufgenommen.
(3) Diversifikation ist ein Verfahren, um die Sortimentsbreite zu verringern.
(4) Diversifikation ist die Aufnahme von Warengruppen, die mit den bisherigen keine oder nur geringe Verwandtschaft aufweisen.
(5) Diversifikation wird mit den Begriffen „Sortimentsbreite“ und „Sortimentstiefe“ beschrieben.

Aufgabe 157

Die Martin KG entschließt sich, Sportartikel künftig nicht mehr anzubieten. Wie nennt man diesen Prozess?

(1) Sortimentstiefe
(2) Diversifikation
(3) Sortimentserweiterung
(4) Sortimentsbreite
(5) Sortimentsbereinigung

Aufgabe 158

Die Martin KG nimmt Elektroartikel als neues Produkt in ihr Sortiment auf. Hierbei erfolgt eine Ausweitung des Warenangebotes auf ein Gebiet, auf dem die Martin KG bisher nicht tätig war. Wie wird dieser Prozess genannt?

(1) Produktumgestaltung
(2) Sortimentsbereinigung
(3) Diversifikation

(4) Produktvariation
(5) Kernsortiment

Aufgabe 159

Die Martin KG erweitert ihr Kernsortiment um eine zusätzliche Warengruppe. Was kann hierfür ausschlaggebend sein?

(1) Die Martin KG führt eine Sortimentsbereinigung durch.
(2) Die Martin KG möchte damit die Produktgestaltung erweitern.
(3) Die Martin KG möchte damit die Lagerung der Waren vereinfachen.
(4) Die Martin KG möchte durch die Aufnahme neuer Warengruppen in das Kernsortiment die Stammkunden binden und neue Kunden hinzugewinnen.
(5) Der Martin KG wurde nahegelegt, den Sortimentsumfang zu überdenken.

10 Preispolitik

Aufgabe 160

Was versteht man unter Konditionspolitik?

(1) alle Entscheidungen, die sich mit der Festsetzung des Preises beschäftigen
(2) Lieferungs- und Zahlungsbedingungen, die zwischen Verkäufer und Käufer vereinbart wurden
(3) alle Entscheidungen, die sich mit den Lieferbedingungen beschäftigen
(4) Preisbedingungen, die zwischen Verkäufer und Käufer vereinbart wurden
(5) alle Entscheidungen, die sich mit den Lieferungs- und Zahlungsbedingungen beschäftigen

Aufgabe 161

Wer oder was ist ein Ausgleichsnehmer?

(1) ein Artikel, bei dem sich die Käufer sehr preisbewusst verhalten
(2) ein Artikel, bei dem sich die Kunden weniger preisbewusst verhalten
(3) Kunde, der sich bei allen Artikel preisbewusst verhält
(4) Kunde, der sich bei allen Artikeln weniger preisbewusst verhält
(5) ein Käufer, der sich bei allen Sonderangebotsartikeln preisbewusst verhält

Aufgabe 162

Welche Aussage über die mengenmäßige Preisdifferenzierung ist richtig?

(1) Bei Abnahme größerer Mengen einer Ware wird ein günstiger Preis gewährt.
(2) Bei Abnahme kleinerer Mengen einer Ware wird ein günstiger Preis gewährt.
(3) Die gleiche Ware oder Dienstleistung wird zu verschiedenen Zeiten zu unterschiedlichen Preisen angeboten.
(4) Angebot gleicher Waren und Dienstleistungen zu unterschiedlichen Preisen
(5) Bei Abnahme kleinerer Mengen einer Ware wird ein höherer Preis gewährt.

Aufgabe 163

Worum handelt es sich bei einem Rabatt?

(1) Preisnachlass für vorzeitige Zahlung
(2) nachträglich gewährter Preisnachlass nur in Form von Waren
(3) Preisnachlass, wenn der Kunde einen Mindestumsatz erreicht oder überschritten hat
(4) Nachlass von einheitlich festgelegten Bruttopreisen
(5) Nachlass von einheitlich festgelegten Nettopreisen

11 Distributionspolitik

Aufgabe 164

Was haben Kommissionär, Handelsmakler und Handelsvertreter gemeinsam?

(1) Sie sind Angestellte.
(2) Sie handeln im eigenen Namen für fremde Rechnung.
(3) Sie handeln im fremden Namen für fremde Rechnung.
(4) Sie sind selbstständige Kaufleute.
(5) Sie erhalten eine Delkredereprovision.

Aufgabe 165

Wie nennt man die Vergütung, die ein Reisender neben der Provision erhält?

(1) Reisekosten
(2) Fixum

(3) Nettolohn
(4) Bruttogehalt
(5) Beteiligung am Umsatz

Aufgabe 166

Was ist unter einem Handelsvertreter zu verstehen?

(1) Er ist ein kaufmännischer Angestellter.
(2) Er ist ein spezieller Kommissionär.
(3) Er ist ein Gewerbetreibender.
(4) Er ist selbstständiger Kaufmann, der im eigenen Namen und für fremde Rechnung Geschäfte abschließt.
(5) Er ist Angestellter eines Unternehmens.

Aufgabe 167

Die Spindler KG steht vor der Entscheidung, ihre Waren mithilfe eines Handlungsreisenden bzw. Handelsvertreters abzusetzen. Der Handlungsreisende erhält ein Fixum von 36 000,00 € pro Jahr, zusätzlich 3 % Umsatzprovision. Der Handelsvertreter bekommt 12 % Umsatzprovision. Bei welchem Jahresumsatz verursachen beide Absatzformen die gleichen Kosten in der Vergütung?

(1) 500 000,00 €
(2) 300 000,00 €
(3) 350 000,00 €
(4) 400 000,00 €
(5) 420 000,00 €

12 Kommunikationspolitik

Aufgabe 168

Zur Einführung eines Artikels werden Mitarbeitende der Martin KG geschult. Um welche Art der Kommunikationspolitik handelt es sich?

(1) Product-Placement
(2) Salespromotion
(3) Werbung
(4) Sponsoring
(5) Public Relations

Aufgabe 169

Was ist unter dem Begriff „Public Relations“ zu verstehen?

(1) alle Maßnahmen des Großhändlers, die seine Absatzbemühungen unterstützen
(2) Veröffentlichungen über das Verhalten der Konkurrenz
(3) Beeinflussung des Umworbenen, ohne dass die Werbung bewusst wahrgenommen wird
(4) Öffentlichkeitsarbeit zur Hebung des Ansehens des eigenen Unternehmens
(5) irreführende Werbung

Aufgabe 170

Ordnen Sie die Begriffe a) bis h) den richtigen Beschreibungen 1 bis 8 zu.

a) Public Relations
b) Absatzwerbung
c) Human Relations
d) Salespromotion
e) persönlicher Verkauf
f) Direktwerbung
g) Product Placement
h) Sponsoring

(1) bewusste Integration von Waren und Dienstleistungen in Kinofilmen oder Fernsehsendungen ☐

(2) Personen oder Institutionen werden unterstützt und gewähren dem Unternehmen dafür bestimmte absatzfördernde Gegenleistungen (z. B. Werbemöglichkeiten). ☐

(3) Wird auch Öffentlichkeitsarbeit genannt und sorgt für eine positive Darstellung des Unternehmens (nicht der Produkte). ☐

(4) Käuferbeeinflussung, die sich an alle potenziellen und anonymen Kunden und Kundinnen richtet. Sie findet in räumlicher Entfernung vom Verkaufsort statt. Der Kunde soll zur Ware gebracht werden. ☐

(5) Pflege zwischenmenschlicher Beziehungen innerhalb eines Unternehmens zur Absatzförderung ☐

(6) Professionell durchgeführte persönliche Beratungsgespräche bei Artikeln mit hohem Erklärungsbedarf sind absatzfördernd. ☐

(7) Auch Verkaufsförderung genannt. Den am Absatz Beteiligten wird – in der Regel in der Verkaufsstätte – (durch Aktionen) das Verkaufen erleichtert. Die Ware wird zum Kunden gebracht. ☐

(8) direkte individuelle Ansprache von (bekannten) Zielpersonen ☐

13 Werbung

Aufgabe 171

Die Martin KG sucht geeignete Werbeträger. Welche Begriffsgruppe beinhaltet ausschließlich Werbeträger?

(1) Litfaßsäule, Hörfunk, Kino
(2) Plakat, Hauswand, Autos
(3) Internetanzeige, Kino, Telefonzellen
(4) Werbedurchsage, Fachzeitschrift, Plakat
(5) Zeitungsanzeige, Internetanzeige, Straßenbahn

Aufgabe 172

Ein Angestellter der Martin KG sieht einen Werbespot, in dem für „extrem sparsame ökologische Autos" geworben wird. Bei diesem Werbespot wird keine Firma (namentlich) genannt. Um welche Art der Werbung handelt es sich?

(1) Massenwerbung
(2) Einzelwerbung
(3) Sammelwerbung
(4) Gemeinschaftswerbung
(5) Alleinwerbung

Aufgabe 173

Ordnen Sie zu, indem Sie die Kennziffern von drei der sieben Fragestellungen in die Kästchen bei den Begriffen eintragen.

(1) Welche Wirkung soll erzielt werden?
(2) Wie viel Geld steht für die Werbung zur Verfügung?
(3) Wer soll mit der Werbung angesprochen werden?
(4) Wo soll geworben werden?

(5) Womit soll geworben werden?
(6) Wie können die Werbeziele umgesetzt werden, sodass sie von der Zielgruppe verstanden werden?
(7) Wann soll mit der Webekampagne begonnen werden und wie lange soll sie laufen?

Streugebiet	
Streukreis	
Streuzeit	

Aufgabe 174

Wie erfolgt die Ermittlung des ökonomischen Werbeerfolgs?

(1) $\frac{\text{Gesamtumsatz}}{\text{gesamte Werbekosten}}$

(2) $\frac{\text{Gesamterträge}}{\text{Werbekosten für die Werbeaktion}}$

(3) $\frac{\text{Reingewinn}}{\text{gesamte Werbekosten}}$

(4) $\frac{\text{Wareneinsatz}}{\text{Werbekosten für die Werbeaktion}}$

(5) $\frac{\text{Umsatzsteigerung}}{\text{Werbekosten für die Werbeaktion}}$

14 Das Marketingkonzept

Aufgabe 175

Was versteht man unter dem Marketing-Mix.

Aufgabe 176

Erläutern Sie kurz, was ein Marketingkonzept ist.

15 Das Gesetz gegen den unlauteren Wettbewerb

Aufgabe 177

Was ist das Ziel des Gesetzes gegen den unlauteren Wettbewerb (UWG)?

Aufgabe 178

Erläutern Sie die Generalklausel des UWG.

Aufgabe 179

Welche Aussagen macht das Gesetz gegen den unlauteren Wettbewerb (UWG) noch?

Aufgabe 180

Was sind Compliance Managementsysteme?

16 Das Kundenbeziehungsmanagement

Aufgabe 181

Welche Begriffe verbergen sich hinter den folgenden Erklärungen?

a) Hierunter versteht man produktbegleitende Dienstleistungen, die ein Kunde nach Abschluss des Kaufvertrags in Anspruch nehmen kann.

____

b) wird eingesetzt, um den positiven Ausbau der geschäftlichen Beziehungen zu Kunden, eine anhaltende und stabile Partnerschaft zu gewährleisten

____

c) umfassen alle Maßnahmen, die der Gewährleistung oder Wiederherstellung der einwandfreien Funktion einer Ware dienen

____

d) umfassen Beratungs- und Zustellungsdienste sowie Gefälligkeiten aller Art, individuelles Entgegenkommen und Hilfsbereitschaft in vielfältigen Ausprägungen

____

e) Briefe, Postwurfsendungen, E-Mails und SMS sind wichtige Bestandteile welches Instruments?

____

f) eine Karte, mit der die Kunden an ein Unternehmen gebunden werden sollen

____

g) Hierdurch bemühen sich Unternehmen, ihren Kunden, entsprechend ihres Wertes für das Unternehmen, das Bewusstsein zu vermitteln, ganz besonders vorteilhaft behandelt zu werden. Dies ist eine durch ein, manchmal auch durch mehrere Unternehmen organisierte Vereinigung von tatsächlichen oder potenziellen Kunden.

____

h) Umfang, Form und Erscheinungsweise dieses Marketinginstruments unterscheiden sich stark. Die Spanne reicht von acht Seiten im Tageszeitungsformat bis zu über 80 Seiten als vierfarbiges Hochglanzmagazin.

____

i) Dies ist ein gutes Kundenbindungsinstrument und stellt einen Gutschein bzw. eine Bezugsberechtigung dar.

____

Aufgabe 182

Unterscheiden Sie warenbezogene und nicht warenbezogene Dienstleistungen.

Aufgabe 183

Lösen Sie die folgenden Fragen.

a) *Was versteht man unter dem Customer-Relationship-Management?*
   (1) produktbegleitende Dienstleistungen, die ein Kunde nach Abschluss des Kaufvertrags in Anspruch nehmen kann
   (2) positiver Ausbau der geschäftlichen Beziehungen zu Kunden, um eine anhaltende stabile Partnerschaft zu gewährleisten
   (3) direkte Ansprache eines Kunden durch das Unternehmen
   (4) Erlebnisvermittlung als Strategie

b) *Kundenklagen werden nicht als leidiges Übel, sondern als Chance begriffen, um Missstände abzustellen. Auf welches CRM-Instrument trifft dies zu?*
   (1) After-Sales-Services
   (2) Events
   (3) One-to-one-Marketing
   (4) Beschwerdemanagement

c) *Was ist eine technische Serviceleistung?*
   (1) Gewährung einer Garantie
   (2) Reparaturservice
   (3) Entsorgung
   (4) Kulanz

d) *Was versteht man unter dem One-to-one-Marketing?*
   (1) produktbegleitende Dienstleistungen, die ein Kunde nach Abschluss des Kaufvertrags in Anspruch nehmen kann
   (2) positiver Ausbau der geschäftlichen Beziehungen zu Kunden, um eine anhaltende stabile Partnerschaft zu gewährleisten
   (3) direkte Ansprache eines Kunden durch das Unternehmen
   (4) Erlebnisvermittlung als Strategie

e) *Was ist eine kaufmännische Serviceleistung?*
   (1) Wartungsservice
   (2) Reparaturservice
   (3) Inspektionsservice
   (4) Kulanz

f) *Was ist ein anderer Ausdruck für „Customer-Relation-Marketing“?*
   (1) Kundenorientierung
   (2) Kundenservice
   (3) direkte Ansprache eines Kunden durch das Unternehmen
   (4) Beziehungsmarketing

g) *Was versteht man unter „After-Sales-Services“?*
   (1) produktbegleitende Dienstleistungen, die ein Kunde nach Abschluss des Kaufvertrags in Anspruch nehmen kann
   (2) positiver Ausbau der geschäftlichen Beziehungen zu Kunden, um eine anhaltende stabile Partnerschaft zu gewährleisten
   (3) direkte Ansprache eines Kunden durch das Unternehmen
   (4) Erlebnisvermittlung als Strategie

h) *Wer gibt keine Kundenkarten aus?*
   (1) einzelne Unternehmen
   (2) mehrere Unternehmen gemeinsam
   (3) berufsbildende Schulen
   (4) Stellen für Stadtmarketing

i) *Was ist kein Instrument des One-to-one-Marketing?*
   (1) Event
   (2) E-Mail
   (3) WhatsApp-Nachricht
   (4) SMS

j) *Was versteht man unter Event-Marketing?*
   (1) produktbegleitende Dienstleistungen, die ein Kunde nach Abschluss des Kaufvertrags in Anspruch nehmen kann
   (2) positiver Ausbau der geschäftlichen Beziehungen zu Kunden, um eine anhaltende stabile Partnerschaft zu gewährleisten
   (3) direkte Ansprache eines Kunden durch das Unternehmen
   (4) Erlebnisvermittlung als Strategie

k) *Was sind Instrumente des Event-Marketings?*
   (1) Kundenzeitschrift
   (2) Filialfeste
   (3) Kundenabende
   (4) Kundenbindung

17 Einbeziehung der Kundenstruktur ins Marketing

Aufgabe 184

Welches Ziel verfolgt die Marktsegmentierung?

(1) neue Produkte und Güter in das Warensortiment aufzunehmen, um so das Angebot für die Kunden zu vergrößern
(2) Kostensenkung durch Kürzung der Löhne und Gehälter
(3) ins Ausland zu expandieren, um größtmöglichen Gewinn zu erzielen
(4) Aufteilung des Gesamtmarktes in einheitliche Käufergruppen, um so eine bestmögliche Marktbearbeitung zu gewährleisten
(5) Verkäufermärkte langfristig in Käufermärkte umzuwandeln

Aufgabe 185

Was versteht man unter Kundenselektion?

18 Das Onlinemarketing

Aufgabe 186

Vervollständigen Sie den nachstehenden Text um die folgenden Begriffe:

Benutzerfreundlichkeit – Besucher – Käufer – Kaufabwicklung – Kaufprozess – komfortable Bedienung – Konversionsrate – Usability

Ein Webshop wird von vielen Besuchern im Internet aufgesucht. Die meisten verlassen den Shop aber mehr oder weniger schnell, ohne dort tatsächlich etwas zu bestellen. Die Kunden brechen den möglichen ________________ oft während des Anschauens des Sortiments oder während der späteren ________________ ab. Um die Kaufabbrüche besser überwachen und schließlich mit verschiedenen Maßnahmen verringern zu können, sollte ein Unternehmen die ________________ berechnen. Diese Rate gibt an, wie viele Besucher einer Internetseite zu Käufern werden. Berechnet wird sie – in der einfachsten Form – folgendermaßen.

Konversionsrate = ________________ / ________________ · 100

Eine entscheidende Rolle beim Erfolg eines Webshops kommt der ________________ zu. Darunter versteht man die ________________ einer Internetseite. Oft wird im Zusammenhang davon auch von „Gebrauchstauglichkeit" gesprochen. Dazu gehören sämtliche Maßnahmen und Eigenschaften von Webseiten, die dem Besucher auch ohne größere Erfahrungen oder ohne das Studium umfassender Anleitungen eine ________________ ermöglichen.

Aufgabe 187

Ordnen Sie die Begriffe a) bis k) den richtigen Erklärungen 1 bis 11 zu.

a) Webshop
b) Verkaufsplattform (B2B-Marktplatz)
c) Onlinebranchenbücher
d) Auktionsplattformen
e) Subshops
f) SEA
g) E-Mail-Marketing
h) virales Marketing
i) SEO
j) Affiliate Marketing
k) Social Media Marketing

(1) Einsatz von sozialen Netzwerken im Internet zu Umsatz- und Absatzsteigerungen ☐

(2) Der Betreiber einer Internetseite empfiehlt die Internetseite eines anderen Anbieters. ☐

(3) Grundlage jeder Verkaufsaktivität im Internet. Hier sollen Kunden Kaufverträge direkt beim Unternehmen abschließen. ☐

(4) Vom Betreiber werden unter einer Internetadresse verschiedene Angebote (zum Beispiel von verschiedenen Anbietern) zusammengefasst. ☐

(5) Verzeichnisse oder Kataloge, in die sich ein Unternehmen eintragen kann ☐

(6) Hier finden Versteigerungen statt. ☐

(7) Im Frontend treten gegenüber den Kunden unterschiedliche Shops auf. Diese haben aber alle ein gemeinsames Backend (Administrationsoberfläche). ☐

(8) Suchmaschinenwerbung ☐

(9) Kunden werden über Newsletter über neue Angebote informiert. ☐

(10) gezieltes Auslösen und Kontrollieren von Mund-zu-Mund-Propaganda im Internet ☐

(11) Suchmaschinenoptimierung ☐

Aufgabe 188

Erläutern Sie die folgenden Begriffe des Display Marketings.

a) Above-the-Line-Kommunikation
b) Werbebanner
c) Landingpage
d) Click-Through-Rate (CTR)
e) Customer Journey
f) integrierte Kommunikation
g) Positionierung der Marke
h) Lead
i) Konversionsrate

Aufgabe 189

Erläutern Sie die folgenden Begriffe des Onlinemarketings im Zusammenhang mit Affiliates.

a) Deeplink
b) Widget
c) Textlink
d) Produktdatenfeed
e) Tracking
f) Cookies
g) Session Tracking
h) Fingerprint-Tracking
i) Pixel Tracking

j) Ad Impressions/Ad Views
k) Ad Clicks
l) Click Through Rate (CTR)
m) Sign-up
n) Sales/Umsätze
o) Conversion Rate

Aufgabe 190

Welche Begriffe aus dem Bereich des Targetings passen zu den folgenden Erläuterungen?

a) Diese Technik beugt dem sogenannten Banner Burn-out vor, das durch zu häufiges Einblenden der Werbemittel ausgelöst wird und eine nachlassende Werbewirkung zur Folge hat.

____

b) Dieses regional ausgerichtete Targeting wird auch als IP-Targeting bezeichnet, weil die IP-Adresse des Rechners genutzt wird, um den geografischen Standort des Nutzers zu ermitteln. Noch zuverlässigere Daten der Standortermittlung sind möglich, wenn die Nutzer ihre GPS-Funktion einschalten.

____

c) Güter des täglichen Bedarfs wie Lebensmittel oder Hygieneartikel

____

d) Der Advertiser definiert auch bei dieser Technik Keywords, die zum Ausspielen seiner Anzeige führen sollen. Im Unterschied zum Kontext-Targeting werden beim Keyword-Targeting nicht die Websites nach den Keywords durchsucht, sondern die Keywords werden mit den Wörtern der Suchanfrage, die ein Nutzer in eine Suchmaschine eingibt, verglichen.

____

e) Hochpreisige und langlebige, oft auch technisch anspruchsvolle Güter des gehobenen Bedarfs, über die sich die Kunden sehr sorgfältig und gründlich informieren. Ihre Kaufentscheidung treffen sie erst dann, wenn sie von der Qualität überzeugt sind und sich persönlich mit dem Produkt identifizieren können.

___

f) Onlinewerbung wird an Nutzer mit bestimmten soziodemografischen Merkmalen ausgeliefert. Die Profildaten der Zielgruppe werden aus internen und externen Marktforschungserhebungen gewonnen.

___

g) Bei diesem Targeting wird das Verhalten der Nutzer auf der eigenen Website analysiert. Daran lassen sich Präferenzen einzelner Nutzer an bestimmten Produktkategorien oder Preissegmenten erkennen.

___

h) Bei dieser Art des Behavioral Targeting geht es um Vorhersagen über die Interessen von bisher nicht bekannten Nutzern mit einem ähnlichen Surfverhalten mit dem Ziel, Neukunden zu gewinnen.

___

i) Erfasst werden technische Informationen über die Hard- und Softwareausstattung der Internetnutzer, um die Darstellung der digitalen Werbung möglichst optimal an die jeweilige technische Ausstattung des Nutzers anzupassen. Diese Daten werden automatisch beim Besuch einer Website übermittelt.

___

j) Hierbei werden Nutzer einer bestimmten Zielgruppe mit Werbemitteln angesprochen, die vor Kurzem eine bestimmte Website besucht haben. Auch beim Retargeting werden Cookies eingesetzt, um die Daten und das Verhalten der Nutzer zum Beispiel beim Besuch eines Onlineshops speichern und analysieren zu können.

___

k) Bei diesem Targeting werden Anzeigen passend zum Konsumverhalten in Abhängigkeit vom Wochentag, besonderen Anlässen oder der Tageszeit ausgespielt. Morgens im Berufsverkehr sind andere Inhalte relevant als am Wochenende oder in der Mittagspause.

____

l) Dieses Targeting sorgt dafür, dass Werbemittel in einem thematisch passenden redaktionellen Umfeld ausgeliefert werden. Das hat den Vorteil, dass Advertiser und Publisher dieselbe Zielgruppe erreichen möchten. Der Nutzer sieht die für ihn relevante Werbung genau in dem Moment, in dem er sich mit dem Thema der Website beschäftigt.

____

m) Dieses seitenübergreifende Targeting nutzt alle Websites eines Ad Networks. Sowohl die Datenerhebung als auch die zielgruppenbezogene Auslieferung von Werbemitteln erstreckt sich auf das gesamte Werbenetzwerk, sodass der Umfang der Daten sehr groß und die Bildung von Nutzerprofilen viel genauer ist, als dies bei einzelnen Websites möglich ist.

____

n) Bei diesem Targeting definiert der Advertiser jedoch nicht einzelne Keywords, sondern ein Thema. Nun werden die Webseiten nach Wörtern des dazu passenden semantischen Gesamtzusammenhangs durchsucht. Bei diesem Verfahren entfällt das Problem der Mehrdeutigkeit.

____

o) Vermarkten das Werbeinventar vieler Websites und sind Schnittstelle zwischen Onlinepublishern und Werbetreibenden.

____

p) Verhaltensbasiertes Targeting bedeutet im Unterschied zur klassischen Onlinewerbung nach dem Gießkannenprinzip die zielgruppengenaue Auslieferung von Werbebannern, unabhängig vom Content der Website. Ausschließlich die Erkenntnisse aus der anonymisierten Analyse des Surf- und Klickverhaltens einzelner Nutzer beeinflussen die Auswahl und Anzeige eines relevanten Werbeinhalts.

____

Aufgabe 191

Vervollständigen Sie die Sätze im folgenden Text zur Überprüfung der Onlinemarketing-Maßnahmen.

ausgewertet – Besucherbewegungen – Onlinemarketing-Maßnahmen – Onlinetools – Veränderungen – Verhalten – Werbeerfolgskontrolle – woher

______________ ist die nachhaltige Kontrolle und Optimierung einer Werbekampagne und deren Erfolg. Im Onlinemarketing ist natürlich eine klassische Werbeerfolgskontrolle nicht möglich. Das Internet bietet die Möglichkeit, alle ______________ direkt messen zu können. Viele ______________, wie Google Ads oder Ähnliche, werten bereits die Ergebnisse der Kampagnen eigenständig aus und legen wichtige Kennzahlen vor. Berichte, Erfolgsauswertungen und Kennzahlen können teilweise in Echtzeit eingesehen und weiterverarbeitet werden. Dadurch kann nicht nur der User im Internet schnell auf ______________ reagieren, sondern auch viele Unternehmen.

Dadurch können Unternehmen ______________ auf der eigenen Website messen. Onlineprogramme wie Google Analytics oder Piwik bieten Web Analytics und die Möglichkeiten an, auszuwerten, ______________ die Nutzer kommen oder welches ______________ sie auf der Website aufweisen. Unternehmen können mithilfe der Webanalyse ihre Marketingmaßnahmen optimieren und wertvolle Informationen zu ihren Websitebesuchern und Kunden gewinnen.

Mit Web Analytics werden Besucherströme auf Websites gemessen und Daten in Web Analytics-Programmen protokolliert und aufbereitet. Anhand der Daten können Onlinemarketing-Maßnahmen __________________ und optimiert werden.

Aufgabe 192

Beantworten Sie die folgenden Fragen zur Wirksamkeit der Onlinemaßnahmen.

a) Stimmt diese Aussage?
Der Conversion-Funnel beschreibt den Weg des potenziellen zum tatsächlichen Kunden.

(1) ja
(2) nein

b) Welche Formel berechnet die Conversion-Rate (= CR)?

(1) $CR = \left(\frac{\text{Unique Visitors}}{\text{Conversions}}\right) \times 100\ \%$

(2) $CR = \left(\frac{100\ \%}{\text{Conversions}}\right) \times \text{Unique Visitors}$

(3) $\left(\frac{\text{Conversions}}{\text{Unique Visitors}}\right) \times 100\ \%$

(4) $\left(\frac{\text{Conversions}}{\text{Marketingaktionen}}\right) \times 100\ \%$

c) Stimmt diese Aussage?

Die CPO-Kennzahl sagt aus, wie viele Erlöse pro Conversion erzielt werden.

(1) ja
(2) nein

d) Stimmt diese Aussage?
Die CPO-Kennzahl sagt aus, wie viele Kosten pro Conversion aufgewendet werden müssen.

(1) ja
(2) nein

e) Stimmt diese Aussage?
Die CPO-Vergütung richtet sich grundsätzlich nach einem %-Satz.

(1) ja
(2) nein

f) Welche Formel berechnet die CPC-Kennzahl?

(1) $CPC = \frac{\text{Gesamtkosten}}{\text{Anzahl der Klicks}}$

(2) $CPC = \frac{\text{Anzahl der Klicks}}{\text{Gesamtkosten}}$

(3) Es gibt keine Formel.

(4) $CPC = \frac{\text{Conversion Rate}}{\text{Gesamtkosten}}$

g) Stimmt diese Aussage?
Die Return-Rate beeinflusst nicht die CPO.

(1) ja
(2) nein

h) Wie hoch ist die durchschnittliche Öffnungsrate im E-Commerce-Bereich (E-Mails)?

(1) ca. 80 %
(2) ca. 50 %
(3) ca. 10 %
(4) ca. 20 %

i) Welche Kennzahlen lassen sich grundsätzlich auch dem E-Mail-Marketing zuordnen?

(1) Bounce Rate
(2) Open Rate
(3) ROAS
(4) Return-Rate

Aufgabe 193

Im Onlinemarketing werden oft allgemeine Kennzahlen verwendet. Beantworten Sie die folgenden Fragen.

a) Stimmt diese Aussage?
Kennzahlen dienen der kurzfristigen, mittelfristigen und langfristigen Entscheidungsfindung.

(1) ja
(2) nein

b) Wenn Kennzahlen mehrere Zahlen in Beziehung zueinander ausdrücken, handelt es sich um:

(1) Verhältniszahlen
(2) absolute Kennzahlen
(3) eine isolierte Kennzahlenangabe
(4) irrelevante Informationen

c) Welche Beispiele zählen zu den qualitativen Kennzahlen?

(1) Kundenzufriedenheit
(2) Servicequalität
(3) Mitarbeiteranzahl in einer Abteilung
(4) Gesamtkosten Marketingkampagne

d) Welche Beispiele zählen zu den quantitativen Kennzahlen?

(1) Produktqualität
(2) Kundenzufriedenheit
(3) Umsatzentwicklung in Q1
(4) Marktanteil im Bereich Digitales

e) Welche bekannten Systeme zählen zu den sogenannten Kennzahlensystemen?

(1) Fieber-Matrix
(2) DuPont-System
(3) Balanced Scorecard
(4) Lesch Logistik GmbH

f) Stimmt diese Aussage?
In einem Dashboard werden die wichtigsten Kennzahlen visualisiert.

(1) ja
(2) nein

Aufgabe 194

Beantworten Sie die folgenden Fragen zu Sortimentskennzahlen.

a) Welche Schlagwörter werden in der Sortimentssteuerung diskutiert?

(1) Bruttosozialprodukt
(2) Produkte
(3) Produktgruppen
(4) Produktkategorien
(5) retournierte Produkte

b) Stimmt diese Aussage?
Sortimentsbezogene Kennzahlen liefern eine höhere Aussagekraft, wenn sie über einen längeren Zeitraum betrachtet werden.

(1) ja
(2) nein

c) Welche Schlagwörter zählen zu der Renner- und Penner-Analyse?

(1) Renner
(2) Penner
(3) Hidden Champions
(4) Cash Cows

d) Stimmt diese Aussage?
Hype-Artikel werden oft gekauft, aber wenig angeklickt.

(1) ja
(2) nein

e) Stimmt diese Aussage?
Hidden Champions sind bereits Topseller.

(1) ja
(2) nein

f) Stimmt diese Aussage?
Penner sind Geldvernichter.

(1) ja
(2) nein

g) Welche Formel berechnet die Look-to-book-Ratio?

(1) $\frac{\text{Besuche der Produktseite} \times 100\,\%}{\text{Buchungen}}$.

(2) $\frac{\text{Buchungen} \times 100\,\%}{\text{Besuche der Produktseite}}$

(3) $\frac{\text{Buchungen}}{\text{Käufe}}$

(4) $\frac{\text{Käufe}}{\text{Buchungen}}$

h) Der Average Order Value bezeichnet ...
   (1) den durchschnittlichen Warenkorbwert.
   (2) die durchschnittliche Ausstiegsrate.
   (3) die durchschnittliche Retourenquote.
   (4) die durchschnittliche Bestellhäufigkeit eines Kunden.

i) Welche Kennzahlen zählen zu der Kundenstruktur?
   (1) Kundenzufriedenheit
   (2) Umsatz je Kunde
   (3) Customer Lifetime Value
   (4) männliche Kundengruppe
   (5) Renner/Penner-Average

j) Stimmt diese Aussage?
   Renner-Penner-Analysen werden benötigt, um die Social-Media-Kommunikation zu verbessern.
   (1) ja
   (2) nein

Aufgabe 195

Was sind A/B-Tests?

Aufgabe 196

Was sind multivariate Tests?

Aufgabe 197

Was ist eine 404-Fehlerseite?

Aufgabe 198

Was sind Null-Treffer-Seiten?

Aufgabe 199

Was bedeutet die Abkürzung SEM?

Aufgabe 200

Was ist das Retargeting?

Aufgabe 201

Was sind Cookies?

Aufgabe 202

Was ist ein Adserver?

Aufgabe 203

Ergänzen Sie den folgenden Text zum E-Mail-Marketing um die Begriffe:

Aftersales-E-Mails – direkt – Einverständniserklärung – E-Mailing – Homepage – Links – Neukunden – Newsletter – Stand-alone-E-Mails – Transaction-E-Mails – Trigger-E-Mail – übersichtlich

Über ____________________ lassen Unternehmen ihren Kunden in regelmäßigen Abständen aktuelle Informationen zukommen. Alle wichtigen Informationen werden für den Kunden ____________________ zusammengestellt und per E-Mail verschickt. Dabei ist die Bandbreite der Informationen, die an den Kunden weitergegeben werden, sehr vielfältig und reicht z. B. von dem Eröffnen einer neuen Filiale bzw. eines neuen Geschäftsbereichs über das Sponsoring eines Sportevents bis hin zum Mitwirken bei Umweltschutzmaßnahmen.

Die News verfügen dabei in der Regel über ____________________, die entweder zur ____________________ des Unternehmens führen und somit zum Weiterlesen oder aber ____________________ zum Kauf oder zum Bestellen anregen sollen.

Das ____________________ ist mit der klassischen Postwurfsendung zu vergleichen. Hierbei erhält der Kunde z. B. eine Einladung für ein anstehendes Event, Informationen über aktuelle Angebote und Rabattaktionen, Gutscheine oder er wird zur Teilnahme an einem Gewinnspiel aufgefordert.

Unter ____________________ ist ein typischer Werbebrief zu verstehen, der an eine Fremdadresse verschickt wird. Das heißt, ein Unternehmen kauft E-Mail-Adressen ein, um so einen Werbebrief an potenzielle ____________________ verschicken zu können. Der Kauf der E-Mail-Adressen bei einem anderen Unternehmen setzt selbstverständlich die ____________________ des potenziellen Neukunden mit der Weitergabe seiner E-Mail-Adresse voraus.

Im Rahmen eines Geschäftsvorgangs werden an Kunden zu verschiedenen Zeitpunkten oder Anlässen E-Mails verschickt, um den Dialog mit ihnen fortzusetzen und nicht abbrechen zu lassen. Dieses Vorgehen begleitet jeden Kunden durch den Geschäftsvorgang und gibt ihm ein gutes Gefühl bei seiner Bestellung, was für die Geschäftsbeziehung und Kundenbindung besonders wichtig ist.

Sie dienen als Auslöser für eine Kontaktaufnahme, eine Bestellung usw. und werden daher als ____________________ bezeichnet.

E-Mails, die im weiteren Geschäftsvorgang mit dem Kunden versandt werden, bezeichnet man als ____________________. Hierunter zählen zum Beispiel das Verschicken einer Eingangsbestätigung, einer Anfrage oder Bestellung, die Mitteilung des Bearbeitungsstandes, die Ankündigung einer Lieferung sowie das Verschicken einer Rechnung oder Zahlungserinnerung.

Um den Geschäftsvorgang positiv abzuschließen, bietet es sich an, sogenannte ____________________ an die Kunden zu verschicken. Grundidee dieser ist es, den Kauf für den Kunden insbesondere „emotional" erfolgreich abzuschließen. Der Kunde soll sich gut betreut fühlen, sodass er gerne wieder bei diesem Unternehmen einkauft.

Aufgabe 204

Führen Sie mindestens

a) 5 Bannerarten und
b) 5 Bannerformate *auf.*

Aufgabe 205

Welche Onlinemarketing-Maßnahmen sind in den folgenden Fällen gemeint?

a) Verbindung verschiedener Medien zu Werbezwecken

____

b) Einsatz von in der Regel mindestens drei unterschiedlichen Kommunikationskanälen zur Verbreitung der gleichen Werbebotschaft

____

c) Kommunikative Maßnahmen, die ein Unternehmen über mobile Endgeräte tätigt, um das Verhalten von Interessenten und Kunden zu beeinflussen

____

d) Marketingansatz, der auf unkonventionellen Methoden beruht und die Konsumenten überrascht

____

e) Sämtliche Maßnahmen auf Social Media Kanälen, um bestimmte Zielsetzungen zu verfolgen. Dabei steht die Kommunikation mit den Nutzern im Mittelpunkt.

____

f) Mit dieser Marketingart wird dafür gesorgt, dass die Kunden über das beworbene Produkt reden und selbst dafür Werbung machen. Dies geschieht im Rahmen eines Schneeballeffekts über die Weiterverbreitung zum Beispiel über Facebook, Twitter usw.

____

g) Mit Personen, die in den sozialen Medien hohes Ansehen genießen, wird zur Erreichung wirtschaftlicher Ziele Einfluss auf die Bewertung von Produkten und Marken genommen.

____

Aufgabe 206

Was versteht man unter einer semantischen Suchmaschine?

Aufgabe 207

Erläutern Sie kurz die Begriffe Monitoring und Benchmarking.

19 Die Preisgestaltung

Aufgabe 208

Unterscheiden Sie nettopreisbezogene und bruttopreisbezogene Preisstellungssysteme.

Aufgabe 209

Unterscheiden Sie verschiedene Formen der Preisdifferenzierung.

Aufgabe 210

Was versteht man unter dem Begriff Repricing?

20 Die Kalkulation von Verkaufspreisen

Aufgabe 211

Ein Abteilungsleiter gibt einer Auszubildenden den Arbeitsauftrag: „Ich habe hier ein Angebot der Firma Francesco Benigni vorliegen ... Eine sehr interessante Sache. Sie bietet uns einen italienischen Designeranzug für einen Bezugspreis von 300,00 € das Stück an. Wir haben uns entschieden, eine größere Menge zu bestellen. Es muss jetzt nur noch der Verkaufspreis ermittelt werden. Das könnten Sie übernehmen. Ich muss nämlich kurz bei Frau Jonas vorbei. Ach so. Wir haben in dieser Warengruppe einen Handlungskostenzuschlag von 50 % errechnet. Und dann gibt es noch einen Gewinnzuschlag von 20 %. Berücksichtigt werden muss noch die Möglichkeit eines 25-prozentigen Kundenrabatts und eines 2-prozentigen Kundenskontos."

Berechnen Sie den Listenverkaufspreis netto.

Aufgabe 212

Für eine Warengruppe soll der Kalkulationszuschlag berechnet werden. In dieser Warengruppe wird mit einem Handlungskostenzuschlag von 30 % und einem Gewinnzuschlag von 20 % gerechnet. Einkalkuliert werden müssen auch 20 % Kundenrabatt und 2 % Kundenskonto.

Berechnen Sie mithilfe des Kalkulationszuschlags dann den Listenverkaufspreis netto für einen Artikel, der den Bezugspreis von 20,00 € hat.

21 Inventur und Inventar

Aufgabe 213

Ordnen Sie den Begriffen a) bis k) die richtige Erläuterung (1) bis (11) zu.

a) Inventar
b) Anlagevermögen
c) Umlaufvermögen
d) Langfristige Schulden
e) Kurzfristige Schulden
f) Eigenkapital
g) Bilanz
h) Inventur
i) Inventurdifferenzen
j) Permanente Inventur
k) Liquidität

(1) Die Positionen des Vermögens sind nach diesem Gliederungsprinzip geordnet.	☐
(2) Die Inventur erfolgt ganzjährig, meist durch Fortschreibung mithilfe der EDV.	☐
(3) Unterschiede zwischen Soll- und Ist-Werten	☐
(4) Bestandsaufnahme aller Vermögensteile und Schulden im Unternehmen	☐
(5) Zu diesen Schulden gehören die Verbindlichkeiten aus Lieferungen und Leistungen.	☐
(6) stellt die Aktiva und Passiva in Kontenform gegenüber	☐

(7) berechnet sich als Unterschied aus Vermögen und Schulden ☐

(8) Zu diesen Schulden gehören zum Beispiel Hypotheken und Darlehen. ☐

(9) Vermögen, das nur kurzfristig im Unternehmen ist und häufig seinen Bestand ändert ☐

(10) das langfristig im Unternehmen eingesetzte Vermögen, das notwendig für den gesamten Geschäftsbetrieb ist ☐

(11) ausführliche Aufstellung des Vermögens, der Schulden sowie des Eigenkapitals in Tabellenform ☐

Aufgabe 214

Was ist ein Inventar?

(1) die körperliche und buchmäßige Bestandsaufnahme aller Vermögensteile und Schulden nach Art, Menge und Wert
(2) die Gesamtheit der Büroausstattung
(3) das Umlaufvermögen
(4) ein Buchungssatz, der mehr als fünf Konten berührt
(5) das Bestandsverzeichnis aller Vermögensteile und Schulden nach Art, Menge und Wert

Aufgabe 215

Was versteht man unter einer Inventur?

(1) das Bestandsverzeichnis aller Vermögensteile und Schulden nach Art, Menge und Wert
(2) die buchmäßige Bestandsaufnahme aller Vermögensteile
(3) ein anderes Wort für das Umlaufvermögen
(4) die körperliche und buchmäßige Bestandsaufnahme aller Vermögensteile und Schulden nach Art, Menge und Wert
(5) ein Vorgang, der nach jeder erfolgten Warenbuchung durchzuführen ist, damit die Bestände immer stimmen

22 Bilanz

Aufgabe 216

Welche der folgenden Aussagen sind richtig?

(1) Waren stehen als Bilanzposition auf der Aktivseite. ☐

(2) Die Position Hypotheken steht auf der Passivseite. ☐

(3) Forderungen Ist-Position auf der linken Seite der Bilanz, der Aktivseite ☐

(4) Die Bilanz ist die Gegenüberstellung von Vermögen und Kapital eines Unternehmens zu einem bestimmten Zeitpunkt. ☐

(5) Das Eigenkapital berechnet sich als Differenz zwischen dem vorhandenen Vermögen und dem Fremdkapital. ☐

(6) Die Bilanz wird in Staffelform dargestellt. ☐

(7) Die Aktivseite gibt Auskunft über die Mittelherkunft. ☐

(8) Die Bilanzsumme auf der Passivseite ist genauso groß wie die auf der Aktivseite. ☐

(9) Die Aktivseite wird nach der zunehmenden Flüssigkeit der Vermögensgegenstände gegliedert. ☐

Aufgabe 217

Bringen Sie die Aktivseite der Bilanz in die richtige Reihenfolge.

(1) Fuhrpark ☐

(2) Bank ☐

(3) Waren ☐

(4) Forderung ☐

(5) BGA ☐

(6) Gebäude ☐

(7) Kasse ☐

Aufgabe 218

Bringen Sie die Passivseite der Bilanz in die richtige Reihenfolge.

(1) Verbindlichkeiten aus Lieferungen und Leistungen ☐

(2) Hypothekenschulden ☐

(3) Eigenkapital ☐

(4) Darlehensschulden ☐

23 Geschäftsfälle und Veränderungen der Bilanz

Aufgabe 219

Vervollständigen Sie die folgenden Sätze um die fehlenden Begriffe:

Aktiv-Passiv-Mehrung – Bilanzsumme – erhöht – Aktivkonto – Bilanz – vier – Eigenkapitals – Passivpositionen – Bilanzverkürzung – vermindert – Aktivtausch – Bilanzverlängerung – Aktiv-Passiv-Minderung – verringert – Bilanzveränderungen – Passivtausch

Jeder Geschäftsfall wirkt sich auf die ____________ aus. Dies nennt man ____________. Davon gibt es ____________ Arten.

Bei einer ____________ nehmen Aktivpositionen und ____________ in gleicher Höhe zu. Die Bilanzsumme ____________ sich. Man nennt dies eine ____________.

Bei einer ____________ nehmen durch ein Geschäftsfall eine Aktivposition und eine Passivposition in gleicher Höhe ab. Die Bilanzsumme ____________ sich. Man nennt dies eine ____________.

Bei einem ____________ bleibt ____________ gleich. Durch einen Geschäftsfall erhöht sich ein ____________, während sich ein anderes Aktivkonto vermindert.

Bei einem ____________ erhöht sich durch einen Geschäftsfall ein Passivkonto, während sich ein anderes Passivkonto ____________.

Die Bilanzsumme bleibt gleich.

Bei den vier Bilanzveränderungen ergeben sich keine Änderungen

des ____________ des Unternehmens.

Aufgabe 220

Welcher der folgenden Geschäftsfälle stellt eine Aktiv-Passiv-Minderung dar?

(1) Kauf eines PC gegen bar
(2) Begleichung von Lieferverbindlichkeiten durch Banküberweisung
(3) Umwandlung von kurzfristigen Schulden in langfristige Schulden
(4) Kaufen von Waren auf Ziel
(5) Ausgleich einer Limitüberschreitung auf einem Bankkonto durch Einzahlung des entsprechenden Betrages aus der Kasse

24 Die Bestandskonten

Aufgabe 221

Welche der folgenden Aussagen zu den Bestandskonten sind richtig (r) und welche falsch (f)?

(1) Die Gewinn- und Verlustrechnung am Schluss eines Wirtschaftsjahres bildet die Grundlage für die Buchführung des neuen Jahres. ☐

(2) Die Buchführung besteht aus einem Buch. ☐

(3) Das Grundbuch ordnet die Werteströme in zeitlicher Reihenfolge in Form von Buchungssätzen. ☐

(4) Das Hauptbuch ist die sachliche Organisation aller Bestands- und Erfolgskonten der Geschäftsbuchführung. ☐

(5) Ein Bestandskonto ist ein aus einer Einzelposition der Bilanz hergeleitetes Skonto. ☐

(6) Ein Bestandskonto wird in Staffelform geführt. ☐

(7) Anfangsbestände auf aktiven Bestandskonten werden auf der Sollseite gebucht. ☐

(8) Abgänge auf passiven Bestandskonten werden auf der Sollseite gebucht. ☐

(9) Zugänge auf aktiven Bestandskonten werden im Haben gebucht. ☐

(10) Zugänge auf passiven Bestandskonten werden im Haben gebucht. ☐

(11) Die Sollseite auf einem Konto ist die rechte Seite. ☐

Aufgabe 222

Wie lauten die Buchungssätze?

a) Auf dem Bankkonto geht für ein auf Rechnung verkauftes Produkt eine Zahlung ein.

b) Ein Darlehen wird durch Banküberweisung getilgt.

c) Für die Kasse wird ein Geldbetrag vom Bankkonto abgehoben.

d) Für den Verkauf eines Pkw gehen 1 000,00 € auf dem Bankkonto ein.

e) Ein Unternehmen nimmt ein Darlehen auf. Der Betrag wird auf das Bankkonto überwiesen.

f) Ein Unternehmen zahlt Bareinnahmen bei seiner Bank ein.

g) Ein Unternehmen bezahlt eine Liefererrechnung.

h) Ein Unternehmen kauft einen neuen Firmen-Pkw.

Aufgabe 223

Welches der folgenden Konten ist ein aktives Bestandskonto?

(1) Büro- und Geschäftsausstattung
(2) Löhne und Gehälter
(3) Verbindlichkeiten aus Lieferungen und Leistungen

(4) Wareneingang (Aufwendungen für Ware)
(5) Eigenkapital

Aufgabe 224

Welches der unten aufgeführten Konten ist ein passives Bestandskonto?

(1) Forderungen aus Lieferungen und Leistungen
(2) Gewerbesteuer
(3) Zinsaufwendung
(4) Grundstücke und Gebäude
(5) Verbindlichkeiten

25 Ablauf der Buchführung

Aufgabe 225

Vervollständigen Sie den folgenden Text um die Begriffe:

Aktiva – Belegnummer – Buchungsnummer – Gewinn – Grundbuch – Journal – Kontenklasse – Kontenplan – Kontenrahmen – Kontierung – ordnungsgemäßer – organisiert – sachlichen – vierstellige – zeitlicher

Selbst bei Kleinunternehmen fallen pro Kalenderjahr viele Tausende Buchungen an. Um bei diesen umfangreichen Informationen und Daten einen Überblick zu behalten, ist es wichtig, dass die Buchführung gut ____________ ist.

Gemäß den Grundsätzen ____________ Buchführung erfolgt die Organisation der Buchführung auf zwei Arten. Zunächst einmal werden die Buchungen in ____________ (chronologischer) Reihenfolge geordnet. Dies erfolgt, indem alle Belege nach dem Datum sortiert und fortlaufend nummeriert im sogenannten ____________ festgehalten werden. Dieses wird auch als ____________ bezeichnet. Hier findet man folgende Information:

→ fortlaufende ____________

→ Verweis zu dem Beleg: ____________

⇢ Buchungstext (kurze Beschreibung des Geschäftsfall) ____________ mit entsprechenden Beträgen (Angabe der Konten mit den dazugehörigen Beträgen).

Die Buchführung unterliegt zudem einer ____________ Organisation. Diese erfolgt auf Konten im Hauptbuch. Durch Abschluss der einzelnen Konten lassen sich der ____________ oder Verlust sowie die Bilanz ermitteln.

Grundlage des Hauptbuchs ist der ____________. Dies ist ein Verzeichnis aller Konten, die in einem Unternehmen benötigt werden können. Die konten sind sachlich sortiert. Die Sortierung erfolgt in ____________, Passiva, Erträge und Aufwendungen, Ergebnisrechnung sowie Kosten- und Leistungsrechnung. Der Kontenrahmen weist jedem Konto eine ____________ eindeutige Nummer zu. Die Nummerierung der Konten erfolgt nach Zugehörigkeit zu einer ____________. Aus dem Kontenrahmen erstellt dann jedes Unternehmen seinen speziellen auf das Unternehmen abgestimmten ____________. Dieser ist das Verzeichnis der in der Buchführung eines Unternehmens tatsächlich verwendeten Konten. Er enthält in der Regel weniger Konten als der Kontenrahmen, da nicht in jedem Unternehmen sämtliche Konten des Kontenrahmens benötigt werden.

Aufgabe 226

Was bezeichnet der Begriff „Kontenrahmen“?

(1) Es ist der Organisations- und Gliederungsplan der Buchführungskonten. In ihm werden die Konten grundlegend systematisch geordnet.
(2) Er stellt die tatsächliche, konkrete, betriebsspezifische Kontenorganisation dar.
(3) Der Begriff bezeichnet das Fenster in der Buchhaltungsabteilung.
(4) Der Kontenrahmen bezeichnet das höchste Limit eines Bankkontos.

(5) Im Kontenrahmen werden nur die Buchungen erfasst, die die Bezugskonten betreffen.

26 Erfolgskonten

Aufgabe 227

Welche der folgenden Aussagen sind richtig (r) und welche falsch (f)?

(1) Es gibt drei Arten von Erfolgskonten. ☐

(2) Erträge wirken sich positiv auf das Eigenkapital aus. ☐

(3) Aufwendungen verringern den Gewinn. ☐

(4) Erfolgskonten sind Unterkonten des Kapitalkontos. ☐

(5) Erträge werden im Soll gebucht. ☐

(6) Aufwendungen werden im Soll gebucht. ☐

(7) Mehrungen im Eigenkapital stehen im Soll. ☐

(8) Ein Verlust steht im Gewinn- und Verlustkonto im Haben. ☐

(9) Der Saldo in einem Aufwandskonto steht im Haben. ☐

(10) Gewinne oder Verluste im Gewinn- und Verlustkonto werden auf das Konto Eigenkapital übertragen. ☐

Aufgabe 228

Welche der folgenden Konten gehören zur Gruppe der Erfolgskonten?

(1) Bank
(2) Warenverkauf (Umsatzerlöse)
(3) Darlehen
(4) Hilfsstoffe
(5) Gehälter

27 Warenbuchungen

Aufgabe 229

Über welches Konto wird immer die Bestandsveränderung abgeschlossen?

(1) Umsatzsteuer
(2) Vorsteuer
(3) Umsatzerlöse
(4) Aufwendungen für Waren
(5) Betriebs- und Geschäftsausstattung

Aufgabe 230

Welche Aussagen sind richtig?

(1) Das Konto Umsatzerlöse ist ein Bestandskonto.
(2) Das Konto Warenbestand nimmt den Anfangs- und Endbestand von Waren auf.
(3) Aufwendungen für Ware und Umsatzerlöse werden über das Gewinn- und Verlustkonto abgeschlossen.
(4) Eine Bestandsmehrung liegt vor, wenn der Anfangsbestand an Waren größer ist als der Endbestand.

28 Grundsätze ordnungsgemäßer Buchführung

Aufgabe 231

Ordnen Sie den wichtigen Begriffen bzw. Aussagen des Rechnungswesens a) bis j) die entsprechenden Erklärungen 1 bis 10 zu.

a) keine Buchung ohne Beleg
b) Dokumentationsfunktion
c) Ordnungsfunktion
d) Beweisfunktion
e) Eigenbelege
f) Fremdbelege
g) Ersatzbelege
h) Güterstrom
i) Geldstrom
j) Geschäftsfall

(1) Belege, die vom eigenen Unternehmen erstellt werden ☐

(2) Vorgang, bei dem in irgendeiner Weise die Werte oder das Vermögen eines Unternehmens verändert werden ☐

(3) Wertestrom, bei dem Gelder fließen ☐

(4) Diese Belege werden ausgestellt, wenn ein Fremdbeleg nicht zu erhalten ist. ☐

(5) wichtiger Grundsatz ordnungsgemäßer Buchführung ☐

(6) Wertestrom, bei dem Produkte und Dienstleistungen ausgetauscht werden ☐

(7) Durch Belege werden alle vermögenswirksamen Geschäftsfälle schriftlich festgehalten. ☐

(8) Mithilfe von Belegen werden Unternehmen gut organisiert und.gegliedert. ☐

(9) Belege dienen häufig als Beweise bei strittigen Geschäftsfeldern zwischen verschiedenen Geschäftsverteilung. ☐

(10) Belege, die von betriebsfremden Personen bzw. fremden Unternehmen erstellt werden ☐

Aufgabe 232

Welche Aussagen sind richtig (r) und welche falsch (f)?

(1) Geschäftsprozesse verursachen keine Kosten. ☐

(2) Geschäftsprozesse leisten keinen Beitrag zur Wertschöpfung des Unternehmens. ☐

(3) Geschäftsprozesse leiten sich aus den Unternehmenszielen ab. ☐

(4) Geschäftsprozesse sind konsequent an Kunden ausgerichtet. ☐

(5) Ziel von Geschäftsprozessen ist es, den größtmöglichen Nutzen für Lieferanten zu erreichen. ☐

(6) Prozessorientierung bedeutet, dass man Intransparenz von Geschäftsvorgängen anstrebt. ☐

(7) Die bisherige funktionsorientierte Arbeitsteilung wird aufgehoben. ☐

(8) Kernprozesse erbringen die Hauptleistung eines Unternehmens. ☐

(9) Bei Unterstützungsprozessen liegt eine direkte Schnittstelle zum Kunden vor. ☐

29 Eröffnungsbilanzkonto und Schlussbilanzkonto

Aufgabe 233

Wodurch unterscheiden sich Eröffnungsbilanzkonto (EBK) und Eröffnungsbilanz?

Aufgabe 234

Unterscheiden Sie Schlussbilanz und Schlussbilanzkonto (SBK).

30 Die Umsatzsteuer

Aufgabe 235

Was bezeichnet der Begriff „Brutto-Rechnungsbetrag"?

(1) Der Brutto-Rechnungsbetrag bezeichnet den vollständigen Rechnungsbetrag inklusive Umsatzsteuer.
(2) Der Brutto-Rechnungsbetrag bezeichnet den vollständigen Rechnungsbetrag vor Addition der Umsatzsteuer.
(3) Der Brutto-Rechnungsbetrag ist ein anderer Begriff für Ist-Bestände.
(4) Der Brutto-Rechnungsbetrag ist ein anderer Begriff für Soll-Bestände.
(5) Mit dem Brutto-Rechnungsbetrag wird die Kostenstruktur eines Unternehmens optimiert.

Aufgabe 236

Wie wird die Umsatzsteuerzahllast ermittelt?

(1) Die Umsatzsteuerforderungen aus den Eingangsrechnungen und die Vorsteuerverbindlichkeiten aus den Ausgangsrechnungen werden gegeneinander aufgerechnet.
(2) Die Vorsteuerforderungen aus den Eingangsrechnungen und die Umsatzsteuerverbindlichkeiten aus den Ausgangsrechnungen werden gegeneinander aufgerechnet.
(3) Sie stellt die Forderungen und kurzfristigen Verbindlichkeiten gegenüber. Der Saldo bezeichnet, wenn für das eigene Unternehmen negativ, den an die Lieferer zu zahlenden Betrag.

(4) Die Umsatzsteuerzahllast wird in den Allgemeinen Geschäftsbedingungen aufgeführt und dort abgelesen.
(5) Es wird die Gesamtheit der in einem Großhandelsunternehmen regelmäßig zum Verkauf angebotenen Artikel ermittelt.

Aufgabe 237

Am Ende des Jahres muss bei der Spindler KG eine Passivierung der Zahllast erfolgen. Wie lautet der Buchungssatz?

(1) GuV
(2) Wareneingang
(3) Umsatzsteuer
(4) SBK
(5) Vorsteuer

Aufgabe 238

Wie hoch ist der ermäßigte Umsatzsteuersatz?

(1) 6 %
(2) 7 %
(3) 19 %
(4) 16 %
(5) 5 %

Aufgabe 239

Für welches der folgenden Produkte gilt der ermäßigte Umsatzsteuersatz?

(1) Möbel
(2) Tabakwaren
(3) Elektronikartikel
(4) Spielzeug
(5) Lebensmittel

31 Die Kostenartenrechnung

Aufgabe 240

Ordnen Sie den Situationen 1 bis 18 die folgenden Begriffe a) bis h) zu.

a) Einzahlung
b) Einnahme
c) Ertrag

d) Leistung
e) Auszahlung
f) Ausgabe
g) Aufwand
h) Kosten

(1) Ein Kunde der Nörten GmbH begleicht seine Rechnung in Höhe von 10 000,00 €. ☐

(2) Barverkauf einer Ware auf einer Messe ☐

(3) Verkauf von Waren auf Ziel durch die Nörten GmbH ☐

(4) Die Nörten GmbH begleicht eine Verbindlichkeit in Höhe von 20 000,00 € per Banküberweisung. ☐

(5) Barkauf auf einer Messe ☐

(6) Einkauf von Waren auf Ziel durch die Nörten GmbH ☐

(7) Die Nörten GmbH verkauft Regale zum Buchwert von 2 500,00 €. ☐

(8) Die Nörten GmbH kauft einen neuen Lkw für 67 000,00 €. ☐

(9) Ein Firmen-PKW mit dem Buchwert von 3 000,00 € wird für 5 000,00 € verkauft. ☐

(10) Die Nörten GmbH kauft für die Herstellung personalisierter (durch entsprechenden Aufdruck) T-Shirts 100 unbedruckte Exemplare und verbraucht sie im gleichen Jahr. ☐

(11) Die Nörten GmbH bedruckt T-Shirts und nimmt sie auf Lager (verkauft werden sie im nächsten Jahr). ☐

(12) Die Nörten GmbH schreibt ein Gebäude planmäßig ab. ☐

(13) Einem Kunden der Nörten GmbH werden Verzugszinsen in Rechnung gestellt. ☐

(14) Die Nörten GmbH spendet für die Opfer einer Hochwasserkatastrophe. ☐

(15) Die Nörten GmbH produziert Textilien und verkauft diese auch. ☐

(16) Die Nörten GmbH versichert die Warenvorräte. ☐

(17) Differenzen bei der unterschiedlichen Bewertung der Vorräte zwischen Geschäftsbuchführung und Kosten- und Leistungsrechnung. ☐

(18) In der Nörten GmbH wird der Unternehmerlohn für Herrn Spitzern, der im Unternehmen mitarbeitet, einkalkuliert. ☐

Aufgabe 241

Definieren Sie die folgenden Begriffe:

a) Gemeinkosten
b) progressive Kosten
c) Einzelkosten
d) fixe Kosten
e) proportionale Kosten
f) variable Kosten
g) sprungfixe Kosten
h) Gesetz der Massenproduktion
i) Grundkosten
j) kalkulatorische Kosten

32 Kostenstellenrechnung und Kostenträgerrechnung

Aufgabe 242

Vervollständigen Sie den Text um die Begriffe:

Verwaltung – Kostensteigerung – Nebenkostenstellen – Einheiten – Unternehmung – Verantwortungsträger – Gemeinkosten – kostet – Betriebsabrechnungsbogen – Hauptkostenstellen – Leistungseinheit – unwirtschaftliche – BAB – Zuschlagssätze – Kostenträger – Verursachungsbereichen – Kostenstelle – Kostenstellenplan – Verwaltung – Prozentsatz – direkte – Vertrieb – Kostenverursachung – Funktionsbereichen

Die Kostenstellenrechnung übernimmt die Aufgabe, die Kosten so zu erfassen, dass sie jeder ______________ eines Unternehmens (= Kostenstelle) zugeordnet werden können. Sie ordnet die Kosten also ihren ______________ zu. Die Kostenstellenrechnung identifiziert also wirtschaftliche bzw. ______________ Bereiche des Betriebsprozesses.

Im Rahmen der Kostenstellenrechnung wird das Unternehmen in kleine ______________ – meistens sind diese Organisationseinheiten der ______________ – zerlegt. Diesen werden den dort verursachten Kosten zugeordnet. Mit den ermittelten Kosten kann die betriebliche Tätigkeit kontrolliert werden. Wird beispielsweise eine ______________ bei einer Kostenstelle festgestellt, muss der für die Kostenstelle ______________ Maßnahmen ergreifen.

Unterschieden werden zunächst einmal zwei Arten von Kostenstellen.

- Bei den ______________ erfolgt die eigentliche betriebliche Tätigkeit, nämlich die ______________ Leistungserstellung.
- Die ______________ unterstützen die Hauptkostenstellen bei der Erzeugung von deren Leistungen.

In vielen Unternehmen wird für die verwendeten Kostenstellen ein ______________ geführt.

Die Kostenstellen werden sehr oft nach den ______________ eingeteilt.

- Material
- Fertigung
- ______________
- ______________

Auf diese Kostenstellen werden die ______________ (= Kosten, die keiner Kostenstelle bzw. keinem Kostenträger direkt zugeordnet werden) umgelegt. Gemeinkosten sind also Kosten, die unbedingt nötig sind, um ein Produkt zu erstellen, können aber diesem ______________ nicht direkt zugeordnet werden. Gemeinkosten sind oft Kosten, die mit der ____________, Kontrolle und Steuerung des Unternehmens zu tun haben.

Das wichtigste Instrument der Kostenstellenrechnung ist der ____________. Dieser wird oft mit ____________ abgekürzt. Er hilft bei der Lösung eines der größten Probleme der Kostenrechnung. Er schlüsselt nämlich die Kostenarten, die sich auf mehrere Leistungen beziehen, entsprechend ihrer ____________ auf. Er stellt eine Tabelle für die interne Kostenverrechnung dar, mit der die ____________ für die Selbstkostenkalkulation gebildet werden können.

Zusammengefasst mit anderen Worten. In tabellarischer Form werden die auf jede ____________ entfallenden Gemeinkosten als ____________ den in der Kostenstelle verursachten Einzelkosten zugeschlagen. Mit den ermittelten Gemeinkostenzuschlägen können später in der Kostenträgerrechnung Information darüber gewonnen werden, wie viel das Produkt ____________.

Aufgabe 243

Vervollständigen Sie den Text um die Begriffe:

betriebswirtschaftlicher – Teilkostenrechnung – Verkaufspreis – Betriebsgewinn – Deckungsbeitrag – Erfolg – fixen – Fixkosten – Kostenträgern – Kostenträgerrechnung – Periode – Preisuntergrenze – Produkt – Selbstkosten – Stück – variablen – Verkaufserlösen – Vollkostenrechnung – wirtschaftlich

Die Kostenträgerrechnung ist die Methode der Kosten- und Leistungsrechnung, die insgesamt den größten Beitrag zur Steuerung von Unternehmen liefert. Sie ermittelt, für welches ____________ in welcher Höhe Kosten angefallen sind. Sie ermittelt also den ____________ des Kostenträgers. Unter ____________ versteht man die Leistungen, deren Erstellung die Kosten verursacht hat.

Es gibt zwei grundlegende Arten der ______________. Beide Arten ermitteln, in welcher Höhe Kosten für einen Kostenträger (zum Beispiel ein Produkt) entstanden sind.

Bei der ______________ werden alle Kosten (sowohl die ______________ als auch die variablen) auf die Produkte umgelegt. Diese Art der Kostenträgerrechnung dient der Ermittlung der ______________ im Rahmen der Verkaufskalkulation.

Im Rahmen der ______________ werden nur Teile der Gesamtkosten (in der Regel nur die ______________ Kosten) auf die Produkte umgelegt. Diese Art der Kostenträgerrechnung dient der Unterstützung ______________ Entscheidungen. Sie ermittelt zum Beispiel den Deckungsbeitrag. Dies ist der Betrag, mit dem einzelne Artikel oder Warengruppen eines Sortiments zur Deckung der ______________ beitragen.

Die Deckungsbeitragsrechnung hat drei Grundideen:

- Ein ______________ sollte mindestens die variablen Kosten des Produkts abdecken.
- Über die variablen Kosten hinausgehende Beträge liefern einen Beitrag (= ______________) zur Abdeckung der Fixkosten.
- Ist der Deckungsbeitrag größer als die fixen Kosten, wird ein ______________ erzielt.

Um die Deckungsbeiträge für die einzelnen Artikel, Warenarten und Warengruppen zu ermitteln, werden von den ______________ der Artikel die jeweils durch sie verursachten variablen Kosten abgezogen. Die Deckungsbeiträge können je ______________ oder für eine ______________ ermittelt werden.

Im Rahmen der Deckungsbeitragsrechnung – als Teilbereich der Teilkostenrechnung – wird oft auch die sogenannte ______________ ermittelt. Bis zu dieser ist eine Preissenkung für das Unternehmen möglich und ______________ sinnvoll. Sie liegt dort, wo der Verkaufspreis sämtliche durch diesen Artikel direkt verursachten Kosten deckt.

Aufgabe 244

Welcher Nachteil ergibt sich in der Vollkostenrechnung?

(1) Die Handlungskosten (Gemeinkosten) werden den Kostenträgern nicht verursachungsgerecht zugeordnet.
(2) Fixe Kosten werden nicht dazugerechnet.
(3) Variable Kosten werden vernachlässigt.
(4) Der Beschäftigungsgrad des Betriebes wird hier mit einkalkuliert.
(5) Mit der Vollkostenrechnung wird der erwartete Gewinn/Verlust tatsächlich berechnet.

Aufgabe 245

Wie wird der Deckungsbeitrag errechnet?

(1) Verkaufspreis / variable Kosten
(2) Verkaufspreis + Fixkosten
(3) Einkaufspreis / variable Kosten
(4) Verkaufspreis / Fixkosten
(5) Verkaufspreis + variable Kosten

Aufgabe 246

Wo liegt der Break-Even-Point?

(1) in der Verlustzone
(2) in der Gewinnzone
(3) im Schnittpunkt der Erlös- und Kostenfunktion
(4) in der neutralen Zone
(5) im Schnittpunkt zwischen Deckungsbeitrag und Kostenfunktion

Aufgabe 247

Wie wird der Break-Even-Point rechnerisch ermittelt?

(1) Erlös = tatsächlicher Kostenverlauf
(2) Erlös = verrechnete Kostenkurve der Vollkostenrechnungen
(3) tatsächlicher Kostenverlauf = verrechnete Kostenkurve der Vollkostenrechnungen
(4) Fixkosten = Erlös
(5) Fixkosten = tatsächlicher Kostenverlauf

Aufgabe 248

Was versteht man unter einem Deckungsbeitrag?

(1) die Differenz zwischen den Verkaufserlösen und den variablen Kosten einer Kostenstelle
(2) die Differenz zwischen den Verkaufserlösen und den fixen Kosten eines Kostenträgers
(3) die Differenz zwischen den Verkaufserlösen und den variablen Kosten eines Kostenträgers
(4) Beitrag des Gewinns
(5) Summe für vorhergesehene Ausgaben eines Betriebes

33 Das Controlling

Aufgabe 249

Ordnen Sie die Bereiche a) bis f) jeweils einen Baustein 1 bis 6 des Controlling-Berichtswesens zu.

Bereich Baustein des Controllings:

a) Kostenbereich
b) Personalbereich
c) Lagerbereich
d) Absatzbereich
e) Erfolgsbereich
f) Finanzbereich

Bausteine:

(1) Kapazitätsauslastung ☐
(2) Lohn- und Gehaltskosten ☐
(3) Betriebsergebnisrechnung ☐
(4) Liquidität ☐
(5) fixe Kosten ☐
(6) Gesamtumsatz ☐

Aufgabe 250

Welche Aussage über das Controlling ist richtig?

(1) Die Zielvorgabe des operativen Controllings ist die Erhöhung der Rentabilität.
(2) Controlling-Abteilungen besitzen kein fachliches Weisungsrecht.
(3) Die Aufgabe des Controllers ist es, die Zielvorgaben zu realisieren.
(4) Die Kostenstellenleiter haben Preis- und Verbrauchsabweichungen zu verantworten.
(5) Die Geschäftsführung muss das Budget der einzelnen Kostenstellen festlegen.

Aufgabe 251

Was zählt nicht zum strategischen Controlling?

(1) Der Betrachtungszeitraum ist langfristig.
(2) Die Informationsgrundlagen sind Daten aus der Kosten- und Leistungsrechnung.
(3) Das Ziel ist die Zukunftssicherung des Unternehmens.
(4) Die Informationsgrundlagen sind u. a. gesellschaftliche, politische und wirtschaftliche Daten über die Entwicklung der Zukunft.

Aufgabe 252

Was drücken die Liquiditätskennzahlen aus?

(1) Sie drücken die Schulden aus, die in der Bilanzerstellung auftreten.
(2) Sie erhöhen die Werte des Anlagevermögens.
(3) Sie drücken den über das Jahr erwirtschafteten Gewinn in der Bilanz aus.
(4) Sie drücken die grundsätzliche Zahlungsbereitschaft des Unternehmens zum Zeitpunkt der Bilanzerstellung aus.
(5) Sie drücken aus, wie das Eigenkapital im Unternehmen auf das Vermögen und die Schulden aufgeteilt ist.

Aufgabe 253

Was sind KPIs?

Aufgabe 254

Erläutern Sie die Bedeutung der SWOT-Analyse für einen Webshop.

Aufgabe 255

Welche Begriffe verbergen sich hinter den folgenden Beschreibungen?

a) gibt die Anzahl der Betrachtungen einer Werbung auf einer Website an

b) Sollte es zu einem Kaufabschluss kommen, ist ein entsprechender Betrag zu zahlen.

c) Grenze, ab der sich eine Werbemaßnahme finanziell gelohnt hat (die Erträge durch eine Maßnahme waren höher als dafür notwendigen Kosten)

d) Durch diese Zahl wird ermittelt, wie viele Personen auf ein Werbebanner geklickt und wie viele es ignoriert haben. Sie gibt nämlich das Verhältnis zwischen den Ad Clicks und den Ad Impressions wieder.

e) zählen die konkreten Klicks auf ein verlängertes Werbemittel (Beispiel Werbebanner oder Link in einer E-Mail)

f) angegeben wird das Verhältnis der Keywords zur Gesamtzahl der Wörter innerhalb eines Textes

Aufgabe 256

Was versteht man unter Web Analytics?

Aufgabe 257

Erläutern Sie kurz die Bedeutung von Kundenwertanalysen.

Aufgabe 258

Führen Sie Verfahren der Wertermittlung auf.

C

KUNDENKOMMUNIKATION IM E-COMMERCE

1 Der Lieferverzug

Aufgabe 259

Was ist ein Lieferverzug (Nicht-rechtzeitig-Lieferung)?

Aufgabe 260

Führen Sie Voraussetzungen für eine Nicht-rechtzeitig-Lieferung auf.

Aufgabe 261

Welche Rechte hat der Käufer beim Lieferverzug?

2 Kontrollen im Wareneingang

Aufgabe 262

Wann wird in der Warenannahme die Ware geprüft, wenn dies „unverzüglich" geschehen soll?

(1) sofort
(2) nächste Woche
(3) in den nächsten Stunden
(4) am nächsten Tag
(5) nächstmöglicher Zeitpunkt ohne schuldhafte Verzögerung

Aufgabe 263

Geben Sie die richtige Reihenfolge der Tätigkeiten bei der Warenkontrolle gegenüber dem Frachtführer an.

(1) Kontrolle von Anschrift, äußerer Beschaffenheit und Richtigkeit des Transportmittels ☐

(2) Abgleich der gelieferten Waren nach Menge und Art mit dem Lieferschein ☐

(3) Dokumentation der Mängel auf Lieferscheinen ☐

(4) Bestätigung der Mängel durch Anlieferer ☐

(5) Empfangsbestätigung und Quittung ☐

3 Die Schlechtleistung

Aufgabe 264

Erläutern Sie die folgenden Begriffe.

a) (analoge) Waren
b) digitale Produkte
c) Waren mit digitalen Elementen

Aufgabe 265

Eine Kaufsache hat keine Mängel, wenn sie drei Anforderungen gleichzeitig erfüllt:

- subjektive Anforderungen
- objektive Anforderungen
- Montageanforderungen

Erläutern Sie diese Begriffe.

Aufgabe 266

Beurteilen Sie die folgende Aussage.

„Bemerkenswert ist, dass ein Kaufgegenstand also auch dann mangelhaft sein kann, wenn er der vereinbarten Beschaffenheit vollständig entspricht (und damit die subjektiven Anforderungen erfüllt). Dies wäre etwa der Fall, wenn die Beschaffenheit dem Vereinbarten entspricht, die Sache sich jedoch nicht für eine gewöhnliche Verwendung eignet (also nicht den objektiven Anforderungen entspricht)."

Aufgabe 267

Welcher Mangel liegt vor?

a) Carolin Saager kauft in einem Webshop einen Luxusstaubsauger. Im Kaufvertrag ist neben dem Kaufpreis nur festgelegt, dass es sich um das Modell XR 1200 in Rot handelt. Geliefert bekommt sie einen Staubsauger des Modells XC 600 in Gelb.
b) Nach einer Reklamation bekommt Carolin Saager endlich das Staubsaugermodell XR 1200 in Rot ausgeliefert. Sie probiert den

Staubsauger das erste Mal aus. Der Boden ist tatsächlich sauber. Ihr schmerzen aber die Ohren, weil der Staubsauger extrem laut war. Zweimal sprangen die Sicherungen raus, weil der in der Werbung mit „extrem energiesparend“ beworbene Staubsauger anscheinend sehr viel Strom verbraucht.

Aufgabe 268

Was ist eine negative Beschaffenheitsvereinbarung?

Aufgabe 269

Erläutern Sie die Situation bei digitalen Mängeln.

Aufgabe 270

Welche Erscheinungsform eines Mangels liegt vor?

(1) Eigenschaften der Ware sind nach öffentlichen Äußerungen des Verkäufers nicht vorhanden.	
(2) Bei diesem Mangel wird eine andere Ware als bestellt geliefert.	
(3) Bei diesem Mangel verheimlicht der Verkäufer dem Käufer einen versteckten Mangel absichtlich.	
(4) Beim Übergang der Ware ist für den Käufer deutlich erkennbar, dass die Ware einen Mangel hat.	
(5) Die Ware ist zwar einwandfrei, erfüllt jedoch nicht vertraglich zugesicherte Eigenschaften.	
(6) Dieser Mangel liegt vor, wenn die Ware fehlerhaft ist. Die Ware ist ganz oder teilweise beschädigt. Sie entspricht also nicht der vertraglich vereinbarten Beschaffenheit.	
(7) Fehlt eine Montageanleitung oder hat diese Fehler, sodass es zu einer falschen Montage	

durch den Käufer kommt, gilt dies als Sachmangel.

(8) Dieser Mangel liegt vor, wenn Dritte im Hinblick auf die Ware Rechtsansprüche stellen können, ohne dass dies beim Kauf vereinbart wurde.

(9) Wird etwas unsachgemäß durch den Verkäufer montiert, liegt dieser Mangel vor.

(10) Hier liegt eine nicht vollständige Warenlieferung vor.

(11) Diese Mangelart liegt vor, wenn trotz einer gewissenhaften Überprüfung der Ware der Mangel zunächst nicht erkennbar ist.

Aufgabe 271

Wie sind die Rügefristen bei einem „zweiseitigen Handelskauf", wenn ein offener Mangel vorliegt?

(1) beim nächsten Einkauf
(2) beim nächsten Vertreterbesuch
(3) nach einer Woche
(4) unverzüglich
(5) keine Rügefrist

Aufgabe 272

Was versteht man unter einem „einseitigen Handelskauf"?

(1) Haftung erfolgt nach vorheriger Absprache nur vom Verkäufer oder Käufer (einseitig).
(2) Verkäufer und Käufer sind Privatleute.
(3) Verkäufer und Käufer sind Unternehmer (Kaufleute nach HGB).
(4) Der Verkäufer ist Unternehmer, der Käufer ist eine Privatperson.
(5) Die Gefahr über Verlust, Beschädigung usw. der Ware trägt nur der Verkäufer, der Käufer ist davon befreit.

Aufgabe 273

Was muss bei einem „einseitigen Handelskauf“ bei einem Verbrauchsgüterverkauf beachtet werden?

(1) Rügefrist beträgt 2 Jahre, nach 6 Monaten erfolgt eine Beweislastumkehr.
(2) keine Rügefrist
(3) Rügefrist beträgt 3 Jahre, nach 6 Monaten erfolgt eine Beweislastumkehr.
(4) Rügefrist beträgt 2 Jahre, keine Beweislastumkehr.
(5) keine Ansprüche bei Schlechtleistung

Aufgabe 274

Welche zwei vorrangigen Rechte hat der Käufer bei einer mangelhaften Lieferung?

(1) Nachbesserung
(2) Rücktritt vom Vertrag
(3) Minderung des Kaufpreises
(4) Schadenersatz neben Leistung
(5) Neulieferung

Aufgabe 275

Bei einer Weinlieferung wird in einer Lebensmittelgroßhandlung festgestellt, dass einige Kartons an der Unterseite durchnässt sind. Wie bezeichnet man diesen Mangel?

(1) versteckter (verdeckter) Mangel
(2) offener Mangel
(3) arglistig verschwiegener Mangel
(4) kein Mangel, da dies beim Transport passieren kann
(5) Rechtsmangel

Aufgabe 276

Geben Sie an, welche dieser Rechte zu den nachrangigen Rechten bei der mangelhaften Lieferung gehören (mehrere Antworten möglich).

(1) Nachbesserung
(2) Preisnachlass
(3) Rücktritt vom Vertrag
(4) Schadenersatz statt Leistung

(5) Schadenersatz für den Frachtführer
(6) Neulieferung

Aufgabe 277

Was ist die alternative Streitbeilegung?

Aufgabe 278

Erläutern Sie kurz die Onlinestreitbeilegung.

Aufgabe 279

Erläutern Sie kurz die Produkthaftung nach dem Produkthaftungsgesetz.

4 Die Bearbeitung von Reklamationen und Retouren

Aufgabe 280

Erläutern Sie die nachstehenden Begriffe:

a) Lieferschein
b) Retourenschein
c) Kommissionierung
d) Refurbishing
e) Umtausch
f) Garantie
g) Gewährleistung
h) Retourenquote
i) Stornoquote

Aufgabe 281

Was ist bei Kundenreklamationen zu beachten?

5 Der Annahmeverzug

Aufgabe 282

Was ist ein Annahmeverzug?

Aufgabe 283

Führen Sie Voraussetzungen für den Annahmeverzug auf.

Aufgabe 284

Welche Rechte hat der Verkäufer beim Annahmeverzug?

6 Der Zahlungsverzug

Aufgabe 285

Die Tom Bartels KG vermisst einen Zahlungseingang von Robert Menne, Herrenhäuserstr. 55, 30169 Hannover.

a) Welche Voraussetzungen müssen gegeben sein, damit Robert Menne sich im Zahlungsverzug befindet?
b) Welche Rechte kann die Tom Bartels KG bei einem Zahlungsverzug gegenüber Robert Menne geltend machen?

Aufgabe 286

Muss in den folgenden Fällen gemahnt werden?

(1) „zahlbar bis Ende Juli"
(2) „zahlbar sofort"
(3) „zahlbar bis zur 20. Kalenderwoche"

7 Mahnverfahren und Verjährung

Aufgabe 287

Was versteht man unter dem außergerichtlichen Mahnverfahren?

Aufgabe 288

Was geschieht, wenn der Schuldner beim gerichtlichen Mahnverfahren innerhalb von zwei Wochen dem Mahnbescheid des Gläubigers widerspricht?

(1) Der Gläubiger kann einen Vollstreckungsbescheid beantragen.
(2) Das strittige Verfahren wird vor Gericht durchgeführt.
(3) Der Gläubiger kann die Zwangsvollstreckung beantragen.
(4) Es geschieht nichts.
(5) Das Gericht zwingt den Schuldner zur Zahlung des Betrags.

Aufgabe 289

Welche Aussage trifft auf das gerichtliche Mahnverfahren zu?

(1) Das gerichtliche Mahnverfahren wird immer von einem Landgericht durchgeführt.
(2) Die Tom Hoss KG als Antragsteller muss dem zuständigen Gericht nachweisen, dass sein Anspruch zu Recht besteht.
(3) Wenn der Schuldner der Tom Hoss KG gegen den Mahnbescheid Widerspruch erhebt, kann die Tom Hoss KG die Zustellung eines Vollstreckungsbescheids beantragen.
(4) Wenn der Schuldner der Tom Hoss KG nichts gegen den Vollstreckungsbescheid unternimmt, kann eine Zwangsvollstreckung durchgeführt werden.

Aufgabe 290

Was versteht man unter dem Europäischen Zahlungsbefehl?

8 Kommunikation

Aufgabe 291

Ordnen Sie den folgenden Begriffen aus dem Bereich der Kommunikation a) bis i) die Beispiele 1 bis 10 zu.

a) aktives Zuhören
b) Appellebene
c) Beziehungsebene
d) Gefühle äußern
e) Ich-Botschaften
f) interkulturelle Besonderheiten beachten
g) Konventionen einhalten
h) Sachebene
i) WIN-WIN-Situation anstreben

(1) Antwort auf die Aussage „Das haben wir bisher immer anders gemacht." – „Lassen wir das Ganze so, wie wir es bisher immer gemacht haben!" ☐

(2) Antwort auf die Aussage „Das haben wir bisher immer anders gemacht." – „Sie schon wieder. Sie wissen ja immer alles besser als ich!" ☐

(3) Antwort auf die Aussage „Das haben wir bisher immer anders gemacht." – „Ich bin da sehr skeptisch, ob Ihr Vorschlag richtig ist. Das bezweifle ich!" ☐

(4) Antwort auf die Aussage „Das haben wir bisher immer anders gemacht." – „Diese Arbeit wurde tatsächlich bisher anders erledigt!" ☐

(5) Es werden Höflichkeitsregeln beachtet. ☐

(6) Beide Seiten sollten anstreben, dass sich alle im Vorteil fühlen. ☐

(7) Man ist sich der Unterschiede im Kommunikations verhalten von ausländischen Geschäftspartnern bewusst. ☐

(8) Dem Gesprächspartner werden direkt die negativen oder positiven Stimmungen mitgeteilt. ☐

(9) „Ja", „Mhm", „Aha" ☐

(10) „Ich bevorzuge es, Sitzungen pünktlich anzufangen!" ☐

Aufgabe 292

Welche der folgenden Aussagen zur Kommunikation mit Sprache ist richtig (r) und welche falsch (f)?

(1) Gesprächsstörer sind Äußerungen, die ein Gespräch negativ beeinflussen. ☐

(2) Aktives Zuhören ist ein Gesprächsstörer. ☐

(3) Killerphrasen sind pauschale und abwertende Angriffe in einer Diskussion oder in einem Verkaufsgespräch. Sie werden dann hervorgezogen, wenn Sachargumente fehlen, und sind nicht an der Sache orientiert. ☐

(4) Mit langen und langatmigen Sätzen überzeugt man den Gesprächspartner. ☐

(5) Substantivierte Sätze beleben ein Gespräch. ☐

(6) Dem Gesprächspartner zuzustimmen, ist ein Gesprächsförderer. ☐

(7) Ein passiver Satzaufbau gilt als Gesprächsstörer. ☐

(8) „Das geht im Augenblick nicht!“ ist eine Killerphrase. ☐

(9) Ironische Bemerkungen sind Gesprächsstörer. ☐

(10) Das Dämpfen von Erwartungen ist ein Gesprächsförderer. ☐

(11) Überregelungen sind Gesprächsstörer. ☐

Aufgabe 293

Welche der folgenden Aussagen zur Kommunikation mit Körpersprache ist richtig (r) und welche falsch (f)?

(1) Körpersprache verdeutlicht verbale Aussagen, kann in bestimmten Fällen diesen aber auch bewusst widersprechen. ☐

(2) Kommunikation in Gesprächen erfolgt zu 20 % nonverbal. ☐

(3) Eine eigene angemessene Körpersprache kann gezielt als Instrument in erfolgreichen Gesprächen eingesetzt werden. ☐

(4) Die Mimik besteht aus den Signalen von Armen und Händen. ☐

(5) Die Gestik besteht aus dem Gesichtsausdruck und dem Blickkontakt. ☐

(6) Ausdrucksbewegungen des Kopfes, des Oberkörpers und der Beine gehören zur Mimik. ☐

(7) Auch die Stimme ist Bestandteil der Körpersprache. ☐

(8) Zum körpersprachlichen Bestandteil Abstand zu anderen gehören die unterschiedlichen Distanzzonen, die ein Gesprächspartner einnehmen kann. ☐

(9) Tonfall, Lautstärke und Sprechtempo gehören zum körpersprachlichen Bestandteil „Stimme“ ☐

(10) Körpersprachlich kann eine Aussage, die auf den ersten Blick ernst gemeint erscheint, durch Lächeln oder Augenzwinkern ins Gegenteil gewendet werden. ☐

(11) Die Intimzone beginnt ab etwa 4 m. ☐

Aufgabe 294

In bestimmten Fällen erfolgt die Kommunikation eines Webshops über Telefon.

Erläutern Sie die Begriffe:

a) Inbound
b) Outbound
c) Hotline
d) Callcenter

Aufgabe 295

Führen Sie Regeln für eine erfolgreiche Gruppenarbeit auf.

Aufgabe 296

Erläutern Sie, wie es zu einer effizienten Teamarbeit kommen kann.

Aufgabe 297

Stellen Sie positive Auswirkungen von Konflikten negativen Folgen gegenüber.

Aufgabe 298

Erläutern Sie das Vorgehen in einem Konfliktfall.

Aufgabe 299

Welche der folgenden Aussagen ist richtig?

a) Diese Ebene vermittelt alle nötigen Daten und Fakten. Welche Ebene des 4-Ohren-Modells der Kommunikation ist gemeint?

(1) Appellebene
(2) Beziehungsebene
(3) Sachebene
(4) Selbstoffenbarungsebene

b) Verwendung von kurzen Ein-Wort-Rückmeldungen. Welche Kommunikationsregel wird hier angewandt?

(1) Ich-Botschaften senden
(2) Gefühle äußern
(3) Fragen statt kritisieren
(4) aktives Zuhören

c) Beide Gesprächspartner achten darauf, dass das Ergebnis einer Verhandlung für beide Seiten von Vorteil ist. Welche Kommunikationsregel wird hier angewandt?

(1) WIN-WIN-Situation
(2) Hochstatus
(3) Small Talk
(4) Tiefstatus

d) Diese Ebene gibt Hinweise, wie der Sprecher aktuell zum Empfänger steht. Welche Ebene des 4-Ohren-Modells der Kommunikation ist gemeint?

(1) Appellebene
(2) Beziehungsebene
(3) Sachebene
(4) Selbstoffenbarungsebene

e) Eine Person demonstriert durch das eigene Verhalten die eigene Überlegenheit und die Unterlegenheit der anderen Person. Was liegt vor?

(1) WIN-WIN-Situation
(2) Hochstatus
(3) Small Talk
(4) Tiefstatus

f) Auf dieser Ebene teilt der Sprecher etwas von sich mit. Welche Ebene des 4-Ohren-Modells der Kommunikation ist gemeint?

(1) Appellebene
(2) Beziehungsebene
(3) Sachebene
(4) Selbstoffenbarungsebene

g) Wann kann es zu keiner Kommunikationsstörung kommen?

(1) Sender und Empfänger berücksichtigen nicht alle Ebenen.
(2) Der Sender stellt nicht sicher, dass die Informationen, die er gibt, auch vom Empfänger verstanden werden.
(3) Es werden alle Kommunikationsregeln beachtet.
(4) Der Empfänger nimmt eine Ebene stärker wahr, auf die der Sender gar nicht das Gewicht legen wollte.

h) Auf dieser Ebene will man den Empfänger veranlassen, etwas zu tun. Welche Ebene des 4-Ohren-Modells der Kommunikation ist gemeint?

(1) Appellebene
(2) Beziehungsebene
(3) Sachebene
(4) Selbstoffenbarungsebene

i) Dadurch wird ein Konflikt eher entschärft als durch eine direkt vorgetragene Kritik. Welche Kommunikationsregeln wird hier angewandt?

(1) Ich-Botschaften senden
(2) Gefühle äußern
(3) Fragen statt kritisieren
(4) aktives Zuhören

j) Eine Person vermeidet längeren Blickkontakt und hat einen gesenkten Blick. Was liegt vor?

(1) WIN-WIN-Situation
(2) Hochstatus
(3) Small Talk
(4) Tiefstatus

k) Man beginnt seine Aussagen nicht in Sätzen, die mit „Du“ beginnen, sondern mit „Ich“. Welche Kommunikationsregel wird hier angewandt?

(1) Ich-Botschaften senden
(2) Gefühle äußern
(3) Fragen statt kritisieren
(4) aktives Zuhören

Aufgabe 300

Erläutern Sie, wofür der Begriff FAQ steht und welche Arten es gibt.

Aufgabe 301

Was sind Follow-up-Emails?

Aufgabe 302

Welche Aufgabe haben Chatangebote in Webshops?

Aufgabe 303

Welche Arten von Chatmöglichkeiten werden unterschieden?

D

WIRTSCHAFTS- UND SOZIALKUNDE

1 Unternehmensziele

Berufs- und Arbeitswelt

Aufgabe 304

Welche Aussage über das ökonomische Prinzip ist richtig?

1. Es wird versucht, alle vier Ziele des magischen Vierecks zu erreichen.
2. Es wird versucht, dass das Ausland keinen Einfluss auf die Volkswirtschaft hat.
3. Es wird angestrebt, den Geldstrom in der Volkswirtschaft gegenüber dem Güterstrom zu vergrößern.
4. Es wird versucht, vernünftig zu wirtschaften.

Aufgabe 305

Ein vorgegebenes Ziel soll mit möglichst geringen Mitteln erreicht werden. Welches Prinzip liegt vor?

Aufgabe 306

Eine Auszubildende bekommt den Auftrag, Kopierpapier einzukaufen. Welches Prinzip liegt vor?

Aufgabe 307

Für insgesamt 1 000,00 € soll eine Auszubildende möglichst viele Bleistifte kaufen. Welches Prinzip liegt vor?

Aufgabe 308

Führen Sie mindestens vier Unternehmensziele auf.

2 Rechtsformen

Aufgabe 309

Was trifft auf eine offene Handelsgesellschaft zu?

(1) Mindestens zwei Personen stellen Eigenkapital zur Verfügung.
(2) Der Gesellschafter der OHG heißt Komplementär.
(3) Die OHG handelt durch den Geschäftsführer.
(4) Unternehmensleitung und Mitgliedschaft in der offenen Handelsgesellschaft sind grundsätzlich getrennt.
(5) Die OHG hat ein Grundkapital von 25 000,00 €.

Aufgabe 310

In einer Rechtsform gibt es ein Mindestkapital von 25 000,00 €, das Stammkapital genannt wird. In einer Sonderform benötigt man als Gesellschafter sogar gar kein Kapital. Welche Rechtsform liegt vor?

(1) Einzelunternehmen
(2) OHG
(3) KG
(4) GmbH
(5) Aktiengesellschaft

Aufgabe 311

In welcher Rechtsform tritt eine Kapitalgesellschaft als Komplementär auf?

(1) KG
(2) OHG
(3) stille Gesellschaft
(4) GmbH & Co. KG
(5) KGaA

Aufgabe 312

Finden Sie die passenden Begriffe zu den Erläuterungen.

a) Entstehen immer dann, wenn sich mindestens 2 Personen zur Erreichung eines genau bestimmten Zwecks zusammenschließen.

b) Hier stehen die persönliche Mitarbeit und Haftung der Unternehmer im Vordergrund.

c) Das Verlustrisiko eines Teilhabers ist maximal auf seinen Anteil beschränkt.

d) Selbsthilfeorganisation, die auf der Solidarität der Mitglieder beruht

e) ein Unternehmen, dessen Eigenkapital von einer Person aufgebracht wird, die persönlich haftet

f) Rechtsform, von mindestens 2 Personen gegründet, die alle persönlich haften

g) Rechtsform, von mindestens 2 Personen gegründet, von denen mindestens eine persönlich haftet, die andere nicht

h) juristische Person mit Stammkapital

i) Unternehmen mit einem Vorstand

j) Personengesellschaft mit einer GmbH als Komplementär

3 Die Aufbauorganisation

Aufgabe 313

Auf welches Weisungssystem trifft die folgende Anmerkung zu? „Der Vorteil dieses Leitungssystems liegt in den klaren Verantwortungsbereichen. Es gibt eine eindeutige Regelung der Weisungszuständigkeit. Als Nachteil gilt die starke Belastung der oberen Leitungsebenen, bei der alle Entscheidungen von Vorgesetzten getroffen werden müssen. Durch die langen Dienstwege ist dieses System für Anordnungen und Meldungen sehr schwerfällig."

(1) Einliniensystem
(2) Mehrliniensystem
(3) Stabliniensystem
(4) divisionale Organisation
(5) Matrixorganisation

Aufgabe 314

Was trifft auf das Mehrliniensystem zu?

(1) Genau wie im Stabliniensystem gibt es hier auch Stabsstellen.
(2) Alle Personen sind in einem einheitlichen Befehlsweg eingegliedert, der von der obersten Instanz bis zur letzten Arbeitskraft reicht.
(3) Dieses System wird häufig auch Spartenorganisation genannt.
(4) Ein Mitarbeiter kann von mehreren spezialisierten Vorgesetzten Anweisung erhalten.
(5) Hat der Spezialist im Mehrliniensystem eine direkte Gewinnverantwortung gegenüber der Unternehmensleitung, spricht man auch von einem Profitcenter.

Aufgabe 315

Welche Begriffe der Aufbauorganisation sind in den folgenden Fällen gemeint?

a) Aufgabenbereich einer Person (gleichzeitig kleinste organisatorische Einheit eines Unternehmens)
b) Stelle mit Anordnungs- und Entscheidungsbefugnissen
c) Festlegung der Betriebsstruktur
d) Beschreibung des Arbeitsplatzes
e) Zusammenfassung mehrerer Stellen unter einer Leitung
f) Jeder Mitarbeiter erhält nur von seinem unmittelbaren Vorgesetzten Anweisungen und berichtet auch nur an diesen.
g) Ein Mitarbeiter kann von mehreren Vorgesetzten Anweisungen erhalten.
h) Den oberen Leitungsstellen sind Spezialisten zugeordnet, die aber Mitarbeitern keine Anweisungen geben können.
i) Jeder Mitarbeiter hat einen produkt- und einen funktionsorientierten Vorgesetzten.

j) Dies ist keine beständige Organisationsstruktur, sondern besteht nur für die Dauer eines Vorhabens.
k) Auf der Ebene unterhalb der Unternehmensleitung erfolgt die Abteilungsbildung nach Objekten.

4 Zusammenarbeit des Unternehmens mit anderen Institutionen

Aufgabe 316

Was ist eine Industrie- und Handelskammer?

Aufgabe 317

Wie sieht die Zusammenarbeit mit Arbeitgeberverbänden und Gewerkschaften aus?

5 Marktsituation und konjunkturelle Entwicklung

Aufgabe 318

Was ist ein Markt?

Aufgabe 319

Erläutern Sie die Begriffe

a) Polypol
b) Oligopol
c) Monopol

Aufgabe 320

Was ist eine Konjunktur?

Aufgabe 321

Erläutern Sie kurz die Konjunkturphasen.

Aufgabe 322

Führen Sie die betriebswirtschaftlichen Produktionsfaktoren auf.

Aufgabe 323

Welche Teilnehmer sind Bestandteile des erweiterten Wirtschaftskreislaufs?

Aufgabe 324

Ordnen Sie Ausbildungsbetriebe entsprechend ihrer Stellung in der Wirtschaft ein.

6 Die Berufsbildung

Aufgabe 325

Welche der folgenden Aussagen ist richtig und welche falsch?

(1) Auszubildende werden während ihrer Ausbildung an drei Lernorten ausgebildet. ☐

(2) In der Berufsschule werden den Auszubildenden allgemeinbildende und berufsbezogene theoretische Lerninhalte vermittelt. ☐

(3) Beim Blockunterricht besuchen die Auszubildenden einmal oder zweimal in der Woche die Berufsschule. ☐

(4) Unterrichtsinhalte der Berufsschulen sind durch Richtlinien der Kultusministerien vorgeschrieben. ☐

(5) Im Ausbildungsbetrieb findet die überwiegend praktische Ausbildung statt. ☐

(6) Ausbildungsinhalte sind durch den Ausbildungsrahmenplan vorgeschrieben. ☐

(7) Informationen über Inhalte sowie die zeitliche Gliederung der betrieblichen Berufsausbildung in einem staatlich anerkannten Ausbildungsberuf findet man im Rahmenlehrplan. ☐

(8) Im Ausbildungsbetrieb gibt es Unterricht in berufsbezogenen und allgemeinbildenden Unterrichtsfächern. ☐

(9) Die Ausbildungsordnung für den Ausbildungsberuf enthält das Ausbildungsberufsbild, den Ausbildungsrahmenplan, Angaben zur Ausbildungsdauer und zur Prüfung. ☐

Aufgabe 326

Was ist in der Ausbildungsordnung festgehalten?

7 Der Arbeitsvertrag

Aufgabe 327

Erläutern Sie die folgenden Begriffe:

a) Gesetze
b) Rechtsverordnungen
c) Tarifverträge
d) Betriebsvereinbarungen
e) Arbeitspflicht
f) Verschwiegenheitspflicht
g) Verbot der Annahme von „Schmiergeldern"
h) gesetzliches Wettbewerbsverbot
i) nachvertragliches Wettbewerbsverbot
j) Vergütungspflicht
k) Beschäftigungspflicht
l) Urlaubsgewährungspflicht
m) Fürsorgepflicht
n) Zeugnispflicht

Aufgabe 328

Welche Art Vertrag ist der Arbeitsvertrag?

8 Rechtliche Regelungen mit Auswirkungen auf den Arbeitsvertrag

Aufgabe 329

Geben Sie die wichtigsten Aussagen des Jugendarbeitsschutzgesetzes wieder.

Aufgabe 330

Unterscheiden Sie Manteltarifvertrag und Lohn-/Gehaltstarifvertrag.

Aufgabe 331

Erläutern Sie die Begriffe:

a) Tarifautonomie
b) Friedenspflicht

Aufgabe 332

Was ist eine Betriebsvereinbarung?

Aufgabe 333

Führen Sie die wichtigsten Bestimmungen des Mutterschutzgesetzes auf.

9 Sicherheit

Aufgabe 334

Welche Verfahren der Datensicherung sind in den folgenden Fällen gemeint?

a) Unternehmen besitzen häufig zentrale Rechenzentren. Diese sind in der Regel mit Geräten ausgestattet, die bei Stromausfall die notwendige Energie erzeugen, um den Datenverarbeitungsbetrieb aufrechtzuerhalten.
b) Bestimmte Datenträger (z. B. SD-Karten) besitzen einen Schreibschutzschalter. Wird dieser in eine bestimmte Position gebracht, ist ein versehentliches Überschreiben von Dateien nicht möglich.
c) Dies ist ein zusätzlicher Computer, der bei Ausfall der eigentlichen EDV-Anlage deren Aufgaben wahrnimmt. Im Notfall wird automatisch umgeschaltet, sodass Gesamtausfälle vermieden werden können.
d) Jeder Computer sollte mit einem Schloss versehen sein, damit die Inbetriebnahme nur Schlüsselbesitzern möglich ist. Für die zum Computereinsatz gehörenden Arbeitsmittel (z. B. CD-ROMs, Formulare, Belege, Listen, Protokolle usw.) sollte ein Safe zur Verfügung stehen, der feuer-, diebstahl-, wasser- und explosionssicher ist.
e) Dies ist eine spezielle Magnetbandeinheit, die größere Datenmengen sehr schnell aufnehmen bzw. wieder abgeben kann. So

können Datenbestände regelmäßig schnell und sicher auf Magnetbändern bzw. Magnetbandkassetten gesichert werden.

f) Sicherheitsschlösser, Sicherheitsverglasungen und Alarmanlagen sind geeignete Schutzmaßnahmen für die Räume, in denen sich EDV-Anlagen befinden.

g) Zur Sicherung von Datenbeständen sollten Unternehmen drei Generationen von Datenträgern aufbewahren. Dieses „Großvater-Vater-Sohn-Prinzip" gewährleistet, dass bei täglicher Verarbeitung grundsätzlich die Daten der beiden vorhergehenden Tage noch als Sicherheiten zur Verfügung stehen.

h) Zur Datensicherung besteht auch die Möglichkeit, sämtliche Vorgänge, die in der EDV-Anlage ablaufen, in einer besonderen Datei zu speichern. Sämtliche Tätigkeiten, die mit der EDV-Anlage vorgenommen werden, können so überwacht werden.

i) Hierdurch kann das Unternehmen sicherstellen, dass diese fehlerfrei und ordnungsgemäß die EDV bedienen können.

j) Es ist darauf zu achten, dass alle Aufgaben in der Datenverarbeitung von mehr als einer Person durchgeführt werden können, damit das Unternehmen nicht von einzelnen Personen mit Spezialkenntnissen abhängig wird.

k) Besonders kritische Vorgänge können geschützt werden, indem vor der Ausführung die Eingabe – und damit Zustimmung – einer zweiten Person verlangt wird.

l) Diese prüfen, ob eingegebene Daten in der Wirklichkeit überhaupt vorkommen können. Wird beispielsweise als Tageszahl der 32. genannt, wird der Anwender automatisch auf diesen Fehler hingewiesen.

m) Der Zugang zu Anwenderprogrammen oder auch zum Betriebssystem sollte durch Kennwörter gesichert werden. Dadurch wird verhindert, dass Unbefugte mit der Software arbeiten können. Kennwörter müssen verdeckt eingegeben werden können.

n) Die einzelnen Mitarbeiter werden mit unterschiedlichen Autorisationsgraden ausgestattet. Einige Mitarbeiter dürfen mit allen Unterprogrammen arbeiten, andere dürfen nur bestimmte – nicht sicherheitsgefährdende – Tätigkeiten am Computer vornehmen. Für jeden Mitarbeiter werden also nicht nur Passwörter gespeichert, sondern auch, wozu er im Einzelnen am Computer berechtigt ist.

o) Bestimmte Programme ermöglichen es, Dateien zu verstecken. Diese werden nicht im Inhaltsverzeichnis ausgegeben und können daher nur von Mitarbeitern, die von der Existenz der

Dateien wissen, bearbeitet werden. In vielen Fällen werden Dateien auch „read only" gestellt. Die Datei kann aus Sicherheitsgründen nur gelesen, aber nicht verändert werden.

p) Sehr wichtige Daten, die auf externen Speichern aufbewahrt werden, können mithilfe geeigneter Programme verschlüsselt werden. Dadurch wird es Unbefugten zumindest erschwert, Daten zu lesen oder zu verändern. Die Verschlüsselung ist mit einem gewissen Zeitverlust verbunden, den man aber bei wichtigen Informationen in Kauf nehmen sollte.

q) Dieses Verfahren dient dazu, fehlerhafte Angaben bei der Erfassung oder Übermittlung numerischer Daten zu entdecken.

Aufgabe 335

Geben Sie mindestens acht Maßnahmen an, die die Sicherheit im Lager unterstützen.

Aufgabe 336

Wie sollte man sich im Brandfall richtig verhalten?

Aufgabe 337

Beurteilen Sie die folgenden Situationen im Hinblick auf das Verhalten im Brandfall.

a) Im Lager der Novonot GmbH ist ein Brand entstanden. Frauke Schröder greift den Brand mit einem Feuerlöscher in Windrichtung an.

b) Frauke Schröder bekommt nacheinander zwei weitere Feuerlöscher von zwei Kollegen gereicht, um den Brand weiter zu löschen.

c) Bei einem Tropfbrand im Lager der Eggeling OHG wird von unten nach oben gelöscht.

d) Ein Wandbrand in der Bauer GmbH wird von unten nach oben gelöscht.

Aufgabe 338

Mete Öczan lagert gerade Ware im Lager ein. Er entdeckt plötzlich ein Feuer, das durch ein verschmortes Kabel entstanden ist. Welche Maßnahmen sollte er ergreifen?

(1) Mete Öczan löst Feueralarm aus, indem er einen Feuermelder einschlägt.

(2) Mit einem Wassereimer löscht Mete Öczan sofort das Feuer.
(3) Ruhig meldet Mete Öczan das Feuer an die Lagerleitung.
(4) Über ein Telefon meldet Mete Öczan den Schwelbrand der Feuerwehr.

10 Nachhaltigkeit

Aufgabe 339

Erläutern Sie, warum Nachhaltigkeit für Webshops eine große Rolle spielt.

Aufgabe 340

Erläutern Sie den Begriff der Nachhaltigkeit.

Aufgabe 341

Unterscheiden Sie die drei Arten der Nachhaltigkeit.

Aufgabe 342

Erläutern Sie die Begriffe:

a) Ressourcenschonung
b) Abfallvermeidung
c) Umweltschutz

Aufgabe 343

Beantworten Sie die folgenden Fragen zur Nachhaltigkeit.

a) Was gehört **nicht** zur Nachhaltigkeit?

(1) Aspekte der Umweltverträglichkeit
(2) Aspekte der Sozialverträglichkeit
(3) Aspekte der Gewinnmaximierung
(4) Aspekte der Gesundheitsverträglichkeit

b) Was gehört zu den Aspekten der Sozialverträglichkeit?

(1) geringere Umweltbelastungen bei der Entsorgung
(2) keine krebserregenden Schadstoffrückstände
(3) menschenwürdige Arbeitsplätze
(4) keine Kinderarbeit

c) Was ist ein Ökoaudit?

(1) Wort- und/oder Bildzeichen, die für nachhaltige Produkteigenschaften vergeben werden
(2) freiwillige Betriebsprüfung im Hinblick auf die Umweltleistung eines Unternehmens
(3) Rückführung von Abfällen zurück in den Wirtschaftskreislauf
(4) freiwillige Selbstverpflichtung eines Unternehmens, Nachhaltigkeitsstandards einzuhalten

d) Was gehört zu den Aspekten der Umweltverträglichkeit?

(1) geringere Umweltbelastungen bei der Entsorgung
(2) keine krebserregenden Schadstoffrückstände
(3) menschenwürdige Arbeitsplätze
(4) keine Kinderarbeit

e) Was ist ein Ökolabel?

(1) Wort- und/oder Bildzeichen, die für nachhaltige Produkteigenschaften vergeben werden
(2) freiwillige Betriebsprüfung im Hinblick auf die Umweltleistung eines Unternehmens
(3) Rückführung von Abfällen zurück in den Wirtschaftskreislauf
(4) freiwillige Selbstverpflichtung eines Unternehmens, Nachhaltigkeitsstandards einzuhalten

f) Was gehört zu den Aspekten der Gesundheitsverträglichkeit?

(1) geringere Umweltbelastungen bei der Entsorgung
(2) keine krebserregenden Schadstoffrückstände
(3) menschenwürdige Arbeitsplätze
(4) keine Kinderarbeit

g) Welche Aussage zum fairen Handel ist **falsch**?

(1) Den Erzeugern in Entwicklungsländern werden über dem Weltmarktniveau liegende Preise gezahlt.
(2) Die Erzeuger in den Entwicklungsländern müssen bestimmte Standards einhalten.
(3) Die Erzeuger in Entwicklungsländern verzichten auf einen Gewinn.
(4) Den Erzeugern in Entwicklungsländern werden feste Abnahmemengen garantiert.

h) Was ist ein Verhaltenskodex?

(1) Wort- und/oder Bildzeichen, die für nachhaltige Produkteigenschaften vergeben werden
(2) freiwillige Betriebsprüfung im Hinblick auf die Umweltleistung eines Unternehmens
(3) Rückführung von Abfällen zurück in den Wirtschaftskreislauf
(4) freiwillige Selbstverpflichtung eines Unternehmens, Nachhaltigkeitsstandards einzuhalten

i) Unternehmen, die nachhaltig wirtschaften, erkennen ihre Verantwortung hinsichtlich der Umwelt, Gesundheit und Sicherheit gegenüber wem **nicht** an?

(1) Kunden
(2) Personal
(3) Gesellschaft
(4) Bundesligavereinen

j) Was ist Recycling?

(1) Wort- und/oder Bildzeichen, die für nachhaltige Produkteigenschaften vergeben werden

(2) freiwillige Betriebsprüfung im Hinblick auf die Umweltleistung eines Unternehmens

(3) Rückführung von Abfällen zurück in den Wirtschaftskreislauf

(4) freiwillige Selbstverpflichtung eines Unternehmens, Nachhaltigkeitsstandards einzuhalten

k) Ein Senfglas kann als Trinkglas verwendet werden. Welche Art des Recyclings liegt vor?

(1) Wiederverwendung

(2) Weiterverwendung

(3) Wiederverwertung

(4) Weiterverwertung

E

LÖSUNGEN

A Sortimentsbewirtschaftung und Vertragsanbahnung – LÖSUNGEN

Aufg. 1	Startseite – Produktkategorienseite – Landing Page – Teaser – Produktboxen – Navigation – Suchfunktion – Vertrauenssiegel (Trust-Siegel) – Produktkategorienseite – Produktfilter – Paginierung – Landing Page – Produktdetailseite
Aufg. 2	1 f), 2 c), 3 b), 4 e), 5 g), 6 d), 7 h), 8 a)
Aufg. 3	a) 1 (Kommunikationsförderer) b) 2 (Kommunikationsstörer) c) 1 (Kommunikationsförderer) d) 2 (Kommunikationsstörer) e) 1 (Kommunikationsförderer) f) 1 (Kommunikationsförderer) g) 2 (Kommunikationsstörer)
Aufg. 4	Damit das Sortiment für die Kunden passend ist, benötigt ein Onlineunternehmen aussagekräftige Daten.
Aufg. 5	Produktdaten beschreiben das Produkt. Man nennt sie auch Produktmerkmale. Die Datenquelle für Produktdaten sind in der Regel die Lieferanten der Ware.
Aufg. 6	→ Stammdaten → Bewegungsdaten → Marketingdaten → Logistikdaten
Aufg. 7	a) Marketingdaten werden aus dem Verhalten der Besucher einer Internetseite gewonnen. Dies geschieht mithilfe von Analysetools. b) Logistikdaten erfassen den logistischen Aufwand eines Produktes. Beispiele können zum Beispiel die Lieferzeit, Gewicht und Packmaße des Produkts und dessen Lagerort sein.

Aufg. 8

Stammdaten (wie zum Beispiel Artikelnummern oder Produktbezeichnungen) ändern sich im Zeitverlauf kaum. Bewegungsdaten (wie zum Beispiel Bestellwerte) dagegen unterliegen ständigen Veränderungen.

Aufg. 9

a) Stammdaten sind Daten, die selten oder nie Veränderungen unterliegen. In einem Webshop ist dies zum Beispiel die Artikelnummer oder die Artikelbezeichnung.

b) Bei Bewegungsdaten kommt es häufiger zu Änderungen. In einem Webshop sind dies beispielsweise die Bestände, bei denen sich durch Verkäufe, aber auch durch Einkäufe, ständig andere Werte ergeben.

Aufg. 10

richtig: 1, 4, 5, 6, 7, 8, 9, 11

falsch: 2, 3, 10

Aufg. 11

a) Ein Produktinformationsmanagementsystem (PIM-System) erfasst und pflegt Produktdaten und stellt diese verschiedenen Softwaresystemen bzw. Vertriebskanälen zur Verfügung.

b) Elektronische Kataloge fassen Produktdaten in einer Datenbank zusammen.

c) Ein Content-Management-System (CMS) ist ein Programmpaket, das zur Erstellung und Verwaltung von Inhalten – in Text-, Bild-, Video- oder sonstiger Form – für eine Website verwendet wird. Mit einem solchen Softwarepaket können Inhalte schnell, flexibel und professionell in einer Internetseite dargestellt werden: Die Nutzer eines solchen Systems benötigen dazu aber nur geringe Kenntnisse, zum Beispiel von HTML. Sie müssen nicht in den Code der Internetseiten eingreifen.

Es gibt zwei Arten von Content-Management-Systemen:

→ CMS als lokale Installation auf dem eigenen Server (im Unternehmen)

→ CMS auf dem Server eines externen Anbieters: Der Nutzer erhält über das Internet Zugang.

Bekannte Programme für CMS sind Wordpress, Joomla, Typo3 und Drupal.

Aufg. 12	→ grundlegende Daten zum Artikel wie zum Beispiel der Artikelname, die Artikelnummer → Produktmerkmale, wie zum Beispiel Art der Versandeinheit, die Maße, das Gewicht des Artikels, die Farben usw. → für den Einkauf und Verkauf des Artikels wichtige Eigenschaften (Einkaufspreise, Verkaufspreise, Bezugskosten usw.) → Informationen über die Lieferer → Marketinginformationen (Hersteller-Content wie zum Beispiel Werbetexte, Fotos, Videos oder Produktkataloge, die zum Erstellen von Produktdetailseiten nutzbar sind) → Daten in anderen Sprachen (wenn der Webshop mehrsprachig ist)
Aufg. 13	Produktkategorien sind Warengruppen. Dies sind Gruppen von Produkten mit ähnlichen Produkteigenschaften und Vorteilen. Sie helfen dem potenziellen Käufer dabei, einen Artikel im Sortiment des Webshops zu finden. Der Onlinehändler kann mit Produktkategorien sein Sortiment gliedern und strukturieren.
Aufg. 14	Die in der Regel den Kunden angebotene Produktkategorisierung ist die aus Kundensicht. Hier werden die Produkte zum Beispiel danach kategorisiert, für welche unterschiedlichen Arten von Produkten die potenziellen Käufer sich interessieren. Hierzu können Produktmerkmale hinzugezogen werden, wie zum Beispiel: → Herkunft des Artikels → Material, aus dem das Produkt besteht → Verwendungszweck des Produkts → oder andere Produktmerkmale Interne Kategorisierungen dienen dem Unternehmen zur besseren Übersicht in den Produktgruppen. Bei dieser Produktkategorisierung aus Unternehmenssicht gibt es viele verschiedene Arten der Klassifizierung von Produkten in Kategorien. Beispiele können sein: → die verkaufsbezogene Produktkategorisierung (die Einteilung von Artikeln, wie oft Kunden sie nachfragen) → vertriebskanalbezogene Produktkategorisierung (Einteilung in unterschiedliche Distributionsweg) → technische Produktkategorisierung (Einteilung nach technischen Merkmalen)

Aufg. 15	Produktmerkmale sind Eigenschaften eines Artikels, die ihn beschreiben. Ein anderer Begriff für solche Merkmale ist Produktattribut.
Aufg. 16	Produktklassifikationsstandards sind Systeme, die Wissen über Produktdaten in einer übergreifenden und eindeutigen Art und Weise einordnen und erfassen. Die aufgenommenen Produkte sind somit eindeutig identifizierbar und auch für andere Unternehmen wie zum Beispiel Kunden oder Lieferanten oder andere Abteilungen im Unternehmen eindeutig auffindbar bei Suchvorgängen. Die Bedeutung eines Produkts wird durch Klassifizierung widerspruchsfrei. Bekannte Beispiele für solche Standards sind GPC, ECLASS und ETIM.
Aufg. 17	a) Eine Suchfunktion ermöglicht es Kunden, Artikel zu finden, nach denen er sucht, indem er die eingegebenen Suchbegriffe mit den Produkten Im Webshop abgleicht. b) Eine Filterfunktion ermöglicht dem Kunden eine schnelle Eingrenzung nach relevanten Kriterien bei seiner Produktsuche. Die Ausgabe von Suchergebnissen wird aufgrund eigener Vorgaben eingeschränkt. c) Eine Sortierfunktion vermeidet das Übersehen von Ergebnissen beim Filtern aufgrund zu strenger bzw. ungenauer Filter. Typische Sortierkriterien können zum Beispiel sein: → Preis aufsteigend → Preis absteigend → neu eingetroffen → Kundenbewertung d) Für eine bessere Übersicht werden die Ergebnisse einer Produktsuche auf mehrere Seiten verteilt.
Aufg. 18	→ Usability → Barrierefreiheit → responsive Darstellung der Produktdetailseiten → Verwendung von Trustsignalen → überzeugende Produktfotos → Herausstellung der Alleinstellungsmerkmale des Produkts → gut lesbare Produktinformationen → gutes Suchmaschinenmarketing (SEM/SEO/SEA) → Verbesserung des Rankings in Suchmaschinen

Aufg. 19	Das Ranking spielt für Webshops eine wichtige Rolle. Es gibt an, auf welcher Position eines Suchmaschinenergebnisses das eigene Produkt (bzw. der eigene Onlineshop) bei einer Suchanfrage auftaucht. Je besser (je weiter oben) dies auf der Internetseite erscheint, desto eher wird der entsprechende Link auf die eigene Internetseite vom potenziellen Käufer angeklickt.
Aufg. 20	→ Search Engine Advertising (SEA): bezahlte Anzeigen bei Maschinen → Search Engine Optimization (SEO): durch geschickte Gestaltung der Produktdetailseiten (relevante Inhalte, Keywords, Verwendung von Links usw.) → Social Media Marketing: Ist ein Webshop auch in den sozialen Medien sichtbar, verbessert sich oft auch das Ranking.
Aufg. 21	a) → Vor- und Nachname → vollständige Postanschrift → E-Mail-Adresse und eine weitere Kontaktmöglichkeit → ggf. entsprechende Zulassungsbehörde b) → Verkaufsplattformen → Internetseiten, die familiären Zwecken dienen → Webshops → Internetseiten, die der Vor- bzw. Darstellung eines Unternehmens dienen c) Ein Impressum muss ... → ständig verfügbar sein. → leicht erkennbar sein. → leicht erreichbar sein.
Aufg. 22	1, 3, 4, 5, 7
Aufg. 23	a) Surface Links b) Frames/Inline Frames c) Deep Links d) Hot Links e) wahr f) Filmwerke, Lichtbildwerke, Musikwerke, amtliche Werke g) Reden, Software, Texte

h) Noten, Melodien, Liedtexte
i) Fotos
j) Videos, Filme
k) falsch
l) wahr
m) wahr

Aufg. 24

Spezielle rechtliche Regeln für besondere Artikel des Sortiments	
Gefahrgut-verordnungen	Die Gefahrgutverordnungen regeln in Deutschland den nationalen und internationalen Transport von Gefahrgut auf Straße, Schiene, Binnengewässern und zur See. Die für Webshops wichtigste Regel ist es, dass Frachtführer darüber informiert werden müssen, falls eine Warensendung Gefahrgüter enthält. Diese kann erfolgen durch Aufkleber oder andere Warnhinweise
Waffengesetz	Da der Verkauf von Waffen und Munition nur Personen gestattet ist, die über 18 Jahre alt sind, müssen Webshops in solchen Fällen eine Altersverifikation vornehmen.
Jugend-schutzgesetz	Das Jugendschutzgesetz sieht vor, dass bestimmte Waren aus Altersgründen nicht für Jugendliche (bzw. manchmal für Jugendliche ab einem bestimmten Alter) bestimmt sein sollen. Dies gilt für den Verkauf von Filmen und Computerspielen, den Verkauf von Alkohol, Tabak und E-Zigaretten. Für den stationären Einzelhandel ist die Überwachung des Alters relativ problemlos. Webshops müssen jedoch in solchen Fällen verschiedene Arten der Altersverifikation explizit vornehmen.

Spezielle rechtliche Regeln für besondere Artikel des Sortiments	
Elektrogesetz	Webshops von Herstellern müssen Geräteart und Marke registrieren lassen, sonst dürfen sie das Elektrogerät nicht in Deutschland anbieten. Webshops, die Elektrogeräte anbieten, sind ab einer bestimmten Größe rücknahmepflichtig. Mögliche Käufer sind über die Rücknahmepflicht zu informieren.

Aufg. 25

Der Gesetzgeber möchte negative Auswirkungen des Konkurrenzkampfes (für die Wirtschaft und andere Wirtschaftsteilnehmer) vermeiden und unterbinden.

Aufg. 26

Vor allem im Gesetz gegen den unlauteren Wettbewerb (UWG), aber auch hier: Zugabeverordnung, Rabattgesetz, Geschmacksmustergesetz, Gebrauchsmustergesetz, Warenzeichengesetz, Patentgesetz

Aufg. 27

Ein unlauterer Wettbewerb liegt vor, wenn Unternehmen im Geschäftsverkehr Aktivitäten vornehmen, die gegen die guten Sitten verstoßen oder wenn über geschäftliche Verhältnisse irreführende Angaben gemacht werden.

Aufg. 28

Damit Kunden aus Verbraucherschutzgründen Preisvergleiche anstellen können, soll die Preisangabenverordnung Webshops dazu bringen, die angebotenen Produkte oder Dienstleistungen mit einem Preis auszuzeichnen. Vorgeschrieben sind bei Preisangaben an Verbraucher:

→ Der Bruttopreis (inklusive Umsatzsteuer)

→ Die Mengeneinheit des Artikels

→ der Grundpreis je Mengeneinheit

→ die handelsübliche Gütebezeichnung

Die Einhaltung der Preisangabenverordnung wird vom Gewerbeaufsichtsamt vorgenommen, das bei Verstößen Bußgelder verhängen kann.

Aufg. 29

a) Das Unternehmen muss Unbefugten den Zugang zu den EDV-Anlagen verwehren.

b) Das Unternehmen muss sicherstellen, dass nur Befugte die EDV-Anlagen nutzen können.

	c) Das Unternehmen muss sicherstellen, dass die zur Arbeit mit den EDV-Anlagen berechtigten Mitarbeiter ausschließlich auf die Daten zugreifen können, für die sie eine Zugangsberechtigung besitzen. d) Das Unternehmen muss sicherstellen, dass bei der Übermittlung von Daten sowie beim Transport entsprechender Datenträger diese nicht unbefugt gelesen, kopiert, verändert oder gelöscht werden können. Das Großhandelsunternehmen muss zudem gewährleisten, dass überprüft und festgestellt werden kann, an welche Stellen Daten übermittelt werden können. e) Das Unternehmen muss nachträglich überprüfen und feststellen können, welche Daten zu welcher Zeit von wem in die EDV-Anlagen eingegeben worden sind. f) Werden personenbezogene Daten im Auftrag verarbeitet, muss sichergestellt werden, dass diese nur entsprechend den Weisungen des Auftraggebers verarbeitet werden können. g) Das Unternehmen muss sicherstellen, dass personenbezogene Daten nicht zufällig zerstört werden können oder verloren gehen. h) Personenbezogene Daten, die im Unternehmen zu unterschiedlichen Zwecken erhoben wurden, müssen getrennt erarbeitet werden können.
Aufg. 30	a) Grundrecht der „informationellen Selbstbestimmung". Jeder Bürger darf über die Erhebung, Speicherung, Übermittlung und Verarbeitung seiner Daten selbst entscheiden, soweit dies gesetzlich nicht anders geregelt ist. b) Schutz personenbezogener Daten vor Missbrauch bei ihrer Verarbeitung c) alle Einzelangaben über persönliche und sachliche Verhältnisse natürlicher Personen durch Einwilligung des Betroffenen d) durch Erlaubnis des Bundesdatenschutzgesetzes, der Datenschutzgrundverordnung oder einer anderen Rechtsvorschrift → Auskunftsrecht → Berichtigungsrecht → Sperrungsrecht Löschungsrecht

	e) → Wahrung des Datengeheimnisses → technische und organisatorische Maßnahmen zum Ausschluss von Missbrauch → Prüfung der Zulässigkeit der Verarbeitung von Daten → Benachrichtigung der Betroffenen bei erstmaliger Speicherung von Daten zu ihrer Person → Ernennung eines Beauftragten für Datenschutz
Aufg. 31	→ Montage von Produkten → Verlängerung einer Garantie → Ausweitung einer Garantie → Verpackung als Geschenk → Versicherungen → Garantieverlängerungen
Aufg. 32	Cross-Selling: Angebot von Zubehör Up-Selling: Der potenzielle Käufer soll dazu animiert werden, ein hochwertiges Produkt zu kaufen als er eigentlich ursprünglich geplant hat.
Aufg. 33	a) 1, 3 und 4 b) 1, 3 und 4 c) 2 und 3 d) 1, 2 und 4 e) 1, 2 und 4
Aufg. 34	Barzahlung liegt vor, wenn Geld (Banknoten und Münzen) vom Schuldner an den Gläubiger persönlich oder durch einen Boten übermittelt wird und für die Zahlung keine Konten verwendet werden.
Aufg. 35	Eine Quittung beweist die Übergabe von Bargeld. Jede Quittung sollte folgende Angaben enthalten: → Zahlungsbetrag (in Ziffern und Buchstaben) → Name des Zahlers → Grund der Zahlung → Empfangsbestätigung → Ort und Tag der Ausstellung → Unterschrift des Zahlungsempfängers (Aussteller)

Aufg. 36	Daueraufträge eignen sich für regelmäßig wiederkehrende Zahlungen in derselben Höhe, z. B. Zahlung des IHK-Beitrages, Zahlung von Mitgliedsbeiträgen, Zahlung der Miete. Das Lastschrift verfahren (oder auch Einzugsermächtigungsverfahren) eignet sich für regelmäßige Zahlungen von Beträgen in unterschiedlicher Höhe, z. B. Zahlung der Fernsprechgebühren, Zahlung der Stromrechnung.
Aufg. 37	→ Rechnungskauf (Zahlung auf Ziel) → Zahlung per Vorauskasse → Zahlung per Nachnahme → Zahlung durch Bankeinzug
Aufg. 38	Amazon-, Apple- und Google Pay sind Zahlungsdienstleister, die die Kundendaten bereits besitzen und die jeweiligen Webshops über erfolgreiche Zahlungen informieren. Diese Zahlungsarten sind sehr leicht in den Webshop zu integrieren. Es kommt zu vergleichsweise wenig Kaufabbrüchen. Mit den entsprechenden Apps können Kunden kontakt- und bargeldlos mit dem Smartphone bezahlen.
Aufg. 39	Das Sortiment ist die Gesamtheit aller Waren und Dienstleistungen, die ein Handelsbetrieb anbietet.
Aufg. 40	Der Sortimentsumfang eines Handelsbetriebes wird mit den Begriffen „Sortimentsbreite“ und „Sortimentstiefe“ beschrieben. → Die Sortimentsbreite wird durch die Zahl der Warenarten und Warengruppen bestimmt. Je mehr Warenarten und Warengruppen in einem Handelsbetrieb angeboten werden, umso breiter ist sein Sortiment. Ein breites Sortiment enthält viele Warenarten und Warengruppen. Ein schmales Sortiment besteht nur aus einer Warenart oder wenigen Warenarten. → Die Sortimentstiefe wird durch die Artikel- und Sortenzahl bestimmt. Je mehr Artikel und Sorten innerhalb einer Warenart angeboten werden, umso tiefer ist ein Sortiment. Ein Handelsbetrieb führt ein tiefes Sortiment, wenn er innerhalb der einzelnen Warenarten viele Artikel und Sorten anbietet. Werden innerhalb der einzelnen Warenarten nur wenige Artikel und Sorten angeboten, spricht man von einem flachen Sortiment.

Aufg. 41	→ Auswertung der Suchanfragen der in die Shopsuche des Onlineshops eingegebenen Suchanfragen → Auswertung von Tools, die Suchmaschinenanbieter zur Verfügung stellen (Google Trends/Bing Business Account/Ubersuggest) → Maßnahmen der Sortimentskontrollen
Aufg. 42	→ Marktfeldstrategien → Marktparzellierungsstrategien
Aufg. 43	Hat ein Webshop vor, umsatz- und/oder gewinnorientiert zu wachsen, muss er überlegen, ob er die bisher von ihm vertriebenen Artikel weiter anbietet oder neue ins Sortiment aufnimmt, aber auch, ob er nur auf den bisherigen Märkten bzw. auch auf neuen Märkten auftritt. Es gibt vier Arten: → Marktdurchdringungsstrategie (bisherige Artikel auf bisherigen Märkten) → Marktentwicklungsstrategie (bisherige Artikel auf neuen Märkten) → Produktentwicklungsstrategie (neue Artikel auf bisherigen Märkten) → Diversifikationsstrategie (neue Artikel auf neuen Märkten)
Aufg. 44	→ Massenmarktstrategie. Der gesamte Markt wird bedient. → Marktsegmentierungsstrategie. Zerlegung des Markts in kleine Teilmärkte mit Kunden gleichartiger Bedürfnisse, um sich dann mit entsprechenden Produkten auf diese Teilmärkte zu spezialisieren (oder bestimmte Teilmärkte zu vernachlässigen: Kundenselektion)
Aufg. 45	a) Das Kernsortiment ist der Sortimentsteil, auf den sich die Haupttätigkeit des jeweiligen Unternehmens erstreckt. Es erbringt in der Regel den überwiegenden Umsatzanteil. b) Das Randsortiment wird zur Abrundung des Kernsortiments geführt. Es erbringt in der Regel den geringeren Umsatzanteil. c) NOS-Artikel sind Standardartikel, die dauerhaft im Sortiment bleiben. Solche Artikel sollen langfristig gesehen immer auf Lager sein. NOS steht für „never out of stock“.

Aufg. 46

a) Ein Einpöster ist eine Kundenbestellung, bei der mehrere Exemplare eines Artikels geordert werden.

Beispiel: Ein Kunde bestellt zehn identische T-Shirts.

b) Bei einem Single Liner wird ein Exemplar eines Artikels geordert.

Beispiel: Ein Kunde bestellt nur eine Jeans.

c) Bei einem Mehrpöster werden mehrere Artikel in unterschiedlicher Anzahl bestellt. Ein Kunde bestellt vier Hemden, zwei T-Shirts und drei Jeans.

Aufg. 47

Bei einer zu langen Wartezeit für Kunden führen Webshops oft eine Sendungsteilung durch. Es erfolgt also eine Aufteilung der Bestellung in verschiedene Lieferposten.

Beispiel: Ein Kunde erhält zunächst unmittelbar die lieferbaren Artikel. Die verzögerten Artikel folgen später in einem separaten Paket.

Sendungsteilungen werden ebenfalls vorgenommen, wenn die Artikel an unterschiedlichen Orten gelagert werden oder die bestellte Ware in mehreren Versandeinheiten geschickt werden muss, weil sie zu groß ist.

Aufg. 48

Absatzkennzahlen zur Unterstützung der Beschaffung	
Bruttonachfrage	Die Bruttonachfrage wird manchmal auch Nachfrageumsatz genannt. Sie umfasst alle möglichen Umsätze, z. B. Stornos, technische Probleme, Lagerdifferenzen, Zahlungsausfälle.
Bruttoumsatz	Der Bruttoumsatz wird oft auch als Lieferumsatz bezeichnet. Er umfasst alle Verkaufserlöse der Artikel oder Dienstleistungen vor Steuern.
Nettoumsatz	Der Nettoumsatz gibt die Verkaufserlöse aller Produkte und Dienstleistungen nach Abzug von Steuern wieder.
Stornoquote	Die Stornoquote gibt an, wie groß der prozentuale Anteil von Stornierungen an den abgeschlossenen Verträgen (vor der Lieferung an die Kunden) ist.

Absatzkennzahlen zur Unterstützung der Beschaffung	
Retourenquote	Die Retourenquote gibt an, wie groß der prozentuale Anteil von Stornierungen an den abgeschlossenen Verträgen (nach der Lieferung an die Kunden) ist.
Widerrufsquote	Die Widerrufsquote informiert über den sich innerhalb der Widerspruchsfrist von 14 Tagen ergebenden Anteil an widerrufenen Kaufverträgen an der Anzahl der gesamten Kaufverträge.
Null-Trefferquote	Die Null-Trefferquote in Webshops gibt Auskunft über den Anteil der Suchanfragen, die zu keinem Treffer geführt haben, im Verhältnis zur Gesamtanzahl der getätigten Suchanfragen.

Aufg. 49

150 – Registerkarten – Formatierungen – Listen – Zwischenüberschriften – Symbole

Aufg. 50

a) Auswahlhilfen können ein weiterer Bestandteil von Produktdetailseiten sein. Sie unterstützen vor allem unsichere Kunden dabei, eine richtige Lösung für sich zu finden.

b) Diese Produkte vergrößern die Funktionsfähigkeit eines Artikels bzw. gewährleisten diese überhaupt erst.

c) Dies können zum Beispiel Größentabellen sein.

d) Hierbei werden einem Kunden auf einer Produktdetailseite andere zu dem vorgestellten Artikel passende Produkte angeboten.

e) Mit dieser Box legt der Kunde die Einzelheiten seiner Kaufentscheidung fest. Im Deutschen wird es als Einkaufswagen-Feld bezeichnet.

f) Es werden Artikel mit ähnlichen Produktmerkmalen entweder von anderen Herstellern oder in anderen Variationen gezeigt.

	g) Eine mehr oder weniger kleine eingeblendete Teilseite mit Informationen, die sich wie eine zusätzliche Schicht über den Inhalt der normalen Internetseite legt. Diese wird dadurch teilweise verdeckt. h) Symbole und Infoblöcke zählen zu den einfachsten Auswahlhilfen, die ein Webshop anbieten kann. Diese bieten dem Kunden einen leichten und schnellen Überblick, ob sich die ausgewählten Produkte für ihn eignen.
Aufg. 51	a) 1 b) 2 c) 2 d) 1 e) 1 f) 1 g) 1 und 2
Aufg. 52	a) 2 und 3 b) 2 c) 1 d) 1 e) 1, 3, 5 und 6 f) 2 g) 1 h) 2 und 3
Aufg. 53	3, 7, 6, 1, 5, 2, 4
Aufg. 54	Übersichtsseite – Verkaufsabwicklung – gesetzlichen – Waren – Gesamtpreis – Kosten – Widerrufsrecht – allgemeine
Aufg. 55	→ Markierung von Pflichtfeldern → Überprüfung von Eingaben (Plausibilitätskontrollen) → Bereitstellung von Hilfen → Bereitstellung von Erklärungsfeldern → Erleichterung von Auswahlmöglichkeiten (Vorgabe von Kriterien) → unkomplizierte Gestaltung → Angebot von Gastzugängen

	⇢ Prinzip der Datensparsamkeit beachten ⇢ Prozessanzeige ⇢ Verkürzung des Prozesses auf möglichst wenig Schritte ⇢ Ermöglichen von Gastzugängen
Aufg. 56	Bei der Speicherung von Kundendaten und Zahlungsdaten muss das Prinzip der Datensparsamkeit beachtet werden. Entsprechend der Datenschutzgrundverordnung dürfen nicht mehr Informationen von Kunden gespeichert werden, als unbedingt für den Abschluss des Kaufvertrages erforderlich. Die erfassten Daten müssen dem Zweck angemessen und auf das für die Zwecke der Verarbeitung notwendige Maß beschränkt sein.
Aufg. 57	Bei einem Kundenkonto (oft auch Benutzerkonto genannt) dürfen die vom Käufer eingegebenen Daten vom Betreiber des Webshops – unter Beachtung der datenschutzrechtlichen Voraussetzungen auch über den Kaufvertrag hinaus – gespeichert werden. Nutzt ein Käufer dagegen einen Gastzugang, können seine eingegebenen Daten zwar zunächst einmal im Rahmen der handels- und steuerrechtlichen Verpflichtungen aufbewahrt werden. Ist der Kaufvertrag jedoch erfüllt, müssen die Daten gelöscht werden. Ein Kundenkonto bringt dem Käufer noch den Vorteil, dass er bei einer erneuten Bestellung nicht erneut seine Stammdaten (zum Beispiel Adressdaten, Kommunikationsdaten oder Zahlungsverkehrsdaten) eingeben muss. Dadurch erhöht sich für ihn die Usability.
Aufg. 58	Maßnahmen der Datensicherheit spielen eine große Rolle im Zusammenhang mit dem Risikomanagement eines Webshops. Durch ein angemessenes **Risikomanagement** können sich Webshops auf unsicheren Märkten erfolgreich behaupten. Unter Risikomanagement werden alle Handlungen und Entscheidungen eines Unternehmens in Bezug auf **die richtige Handhabung von Risiken** zusammengefasst. Dazu können unter anderem gehören:

	→ Im Rahmen der Bonitätsprüfung werden potenzielle Käufer vor der Vertragserfüllung auf ihre Zahlungsfähigkeit hin überprüft. → Mithilfe des Identitätsmanagements versuchen viele Onlinehändler, Identitätsdiebstähle und/oder Zahlungsausfälle zu vermeiden. Oft verwenden Webshops dazu externe Dienstleister (zum Beispiel Postident). → Plausibilitätskontrollen sind Maßnahmen, in deren Rahmen ein Wert oder allgemein ein Ergebnis überschlagsmäßig daraufhin überprüft wird, ob es überhaupt plausibel, also annehmbar, einleuchtend und nachvollziehbar sein kann oder nicht. Würde ein irrealer Wert weiterverarbeitet, würde dies im Webshop zu negativen Folgen führen. → Auch mit der Betrachtung der Kundenhistorie (Kaufhistorie und Zahlungshistorie) kann der Abschluss mit schon bekannten Kunden gut beurteilt werden.
Aufg. 59	→ eigene Transportmittel → Für schwere oder sperrige Güter sowie Güter, für deren Transport eine besondere Fachkenntnis notwendig ist (Chemikalien), können auch Spediteure oder Frachtführer für Güter des gewerblichen Güterkraftverkehrs beauftragt werden. → Click & Collect: Viele Unternehmen bieten auf ihren Internetseiten online ihre Produkte an, die später stationär im Ladengeschäft abgeholt werden können. → Digitale Güter (Programme, Videos, Spiele usw.) können per Download zur Verfügung gestellt werden. Die digitalen Güter können anschließend zeitlich unbegrenzt genutzt werden. → Beim Streaming werden digitale Güter Kunden nur temporär zur Verfügung gestellt (Beispiele sind Netflix, Amazon Prime, Spotify).

Aufg. 60

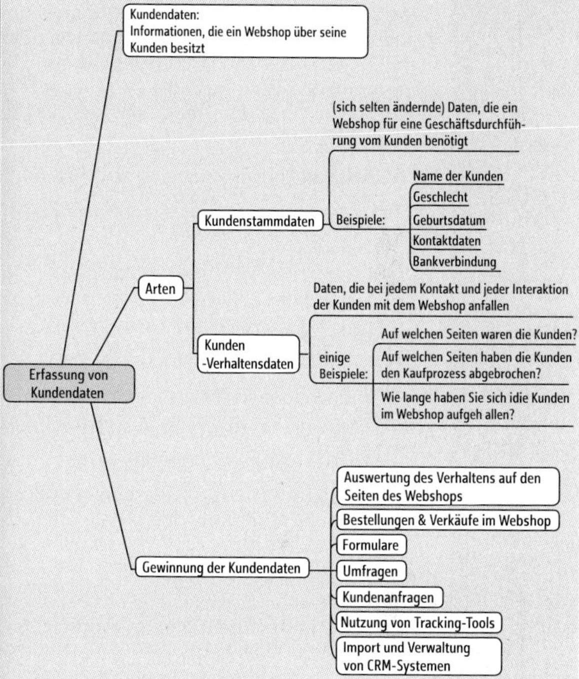

Aufg. 61

Rechtsgeschäfte entstehen durch eine oder mehrere Willenserklärungen. Willenserklärungen sind gewollte und zwangsfreie Erklärungen einer Person.

Aufg. 62

Einseitige Rechtsgeschäfte entstehen durch die Willenserklärung nur einer Person.

→ Empfangsbedürftige Willenserklärungen sind z. B. Kündigungen, Mahnungen, Bürgschaften. Sie sind erst dann wirksam, wenn sie einer anderen Person zugehen.

→ Nicht empfangsbedürftige Willenserklärungen sind z. B. Testamente. Sie sind gültig, ohne dass sie einer anderen Person zugehen.

	Verträge sind mehrseitige Rechtsgeschäfte. Sie kommen grundsätzlich durch die Abgabe von zwei übereinstimmenden gültigen Willenserklärungen zustande. Die 1. Willenserklärung wird als Antrag, die 2. Willenserklärung als Annahme bezeichnet. Mit der Annahme des Antrags ist ein Vertrag abgeschlossen.
Aufg. 63	a) Nichtige Willenserklärungen sind von Anfang an ungültig. b) → Geschäftsunfähigkeit → beschränkte Geschäftsfähigkeit → Zustand der Bewusstlosigkeit → Scherzgeschäft → Scheingeschäft → sittenwidrige Rechtsgeschäfte → Fehlen der vorgeschriebenen Form → Verstoß gegen gesetzliches Verbot c) Anfechtbare Willenserklärungen können im Nachhinein durch Anfechtung ungültig werden. Bis zur Anfechtung sind sie gültig. d) → Irrtum in der Erklärung → Irrtum in der Eigenschaft einer Person oder Sache → Irrtum in der Übermittlung, widerrechtliche Drohung → arglistige Täuschung
Aufg. 64	a) Die Willenserklärung ist anfechtbar. Es liegt ein Irrtum in der Erklärung vor. b) Die Willenserklärung ist anfechtbar. Der Käufer wurde arglistig getäuscht. c) Die Willenserklärung ist nichtig, da sie gegen den Willen des gesetzlichen Vertreters des beschränkt geschäftsfähigen Frank Schrader abgegeben wurde. d) Das Rechtsgeschäft ist nichtig. Es wurde nicht in der vorgeschriebenen schriftlichen Form abgeschlossen. e) Der falsch kalkulierte Preis ist gültig. Ein Kalkulationsfehler gilt nicht als Irrtum, der zur Anfechtung einer Willenserklärung berechtigt. f) Das Rechtsgeschäft ist gültig, auch wenn der Kaufpreis nicht dem Wert des Hauses entspricht.
Aufg. 65	4

Aufg. 66	1
Aufg. 67	4
Aufg. 68	2
Aufg. 69	Der Erfüllungsort ist der Ort, an dem der Schuldner seine Leistung zu erbringen hat.
Aufg. 70	Gesetzliche Regelung: Wenn zwischen Käufer und Verkäufer keine vertragliche Regelung getroffen wurde, ist der Erfüllungsort der Wohn- oder Geschäftssitz des jeweiligen Schuldners (= gesetzlicher Erfüllungsort). Da durch den Abschluss eines Kaufvertrags sowohl der Verkäufer als auch der Käufer Leistungsverpflichtungen übernommen haben, gibt es auch zwei Erfüllungsorte. → Der Verkäufer schuldet dem Käufer die ordnungsgemäße Lieferung der Ware (= Warenschulden). Deshalb ist der Erfüllungsort für die Warenlieferung der Wohn- oder Geschäftssitz des Verkäufers. → Der Käufer schuldet dem Verkäufer die fristgerechte Zahlung des Kaufpreises (= Geldschulden). Deshalb ist der Erfüllungsort für die Zahlung der Wohn- oder Geschäftssitz des Käufers.
Aufg. 71	Im Rahmen der vertragliche Regelung können Verkäufer und Käufer Abweichungen von der gesetzlichen Regelung vertraglich vereinbaren. Man spricht dann von einem vertraglichen Erfüllungsort.
Aufg. 72	Der Gerichtsstand ist der Ort, an dem die Vertragsparteien in Konfliktfällen klagen oder verklagt werden können.
Aufg. 73	Antwort 2 ist richtig. Der gesetzliche Erfüllungsort bestimmt den Gerichtsstand, wenn vertraglich nichts anderes vereinbart wurde. Für Warenschulden ist der Gerichtsstand somit der Geschäfts- oder Wohnsitz des Verkäufers. Für Geldschulden ist der Gerichtsstand der Geschäfts- oder Wohnsitz des Käufers. Zwischen Kaufleuten kann der Gerichtsstand abweichend von der gesetzlichen Regelung vertraglich vereinbart werden. Bei Verträgen mit Verbrauchern ist eine vertragliche Vereinbarung, die von der gesetzlichen Regelung abweicht, nicht erlaubt.

	Für Warenschulden ist der Gerichtsstand somit der Geschäfts- oder Wohnsitz des Verkäufers, wenn nicht vertraglich etwas anderes vereinbart wurden, in diesem Fall also Hamburg.
Aufg. 74	a) Dies ist ein Kauf mit Rückgaberecht. Der Käufer prüft die Ware. Bei Nichtgefallen kann er sie innerhalb einer vereinbarten Frist zurückgeben. b) Dies ist ein Kauf nach einem Muster. Der Verkäufer muss sich bei einer späteren Lieferung ganz genau an das Probeexemplar halten. c) Es wird zunächst nur eine geringe Menge gekauft, um die Ware zu testen. Bei der Bestellung wird die Nachbestellung größerer Mengen in Aussicht gestellt. d) Im Kaufvertrag sind die Waren nur nach der Art oder Klasse bestimmt, also nach allgemeinen Merkmalen. e) Hier wird vom Käufer eine persönlich bestimmte Ware, die nicht durch eine andere Ware ersetzt werden kann, gekauft. f) Es wird vereinbart, dass die Ware bis zu einem bestimmten Termin geliefert werden soll. g) Es wird vereinbart, dass die Ware an einem genau festgelegten Zeitpunkt geliefert werden soll. h) Erst wenn der Käufer sie abruft, liefert der Verkäufer die bestellte Ware. i) Der Käufer muss vor der Warenlieferung eine Teilsumme bezahlen. j) Der Käufer legt zunächst lediglich die Art und die Gesamtmenge der Ware fest. Erst später wird die Ware genauer bestimmt. k) Verkäufer und Käufer vereinbaren, dass die Zahlung des Kaufpreises erst einige Zeit nach der Lieferung der Ware erfolgen soll.
Aufg. 75	a) 2, b) 1, c) 1, d) 1, e) 3
Aufg. 76	3
Aufg. 77	Allgemeine Geschäftsbedingungen sind vorformulierte Vertragsbedingungen einer Vertragspartei, die für eine Vielzahl von Verträgen gelten. Sie werden Bestandteil eines Vertrages, wenn bei Abschluss des Vertrages ausdrücklich auf sie hingewiesen wird.

Aufg. 78	Allgemeiner Zweck der AGB: → vorformulierte Vertragsbedingungen; grundsätzliche Ausgestaltung von Verträgen → Rationalisierung (Zeitersparnis)
Aufg. 79	Bestimmungen der AGB: → Schutz vor unseriösen AGB → Individuelle Absprachen haben Vorrang. → Überraschende Klauseln sind unwirksam. → Bestimmungen, die gegen den Grundsatz von Treu und Glauben verstoßen, sind unwirksam. → Bei unwirksamen Klauseln gelten die gesetzlichen Bestimmungen.
Aufg. 80	a) 2 b) 2 c) 1 und 4 d) 3 e) 2 f) 3 g) 2 h) 1 i) 2 j) 4
Aufg. 81	Das gesetzliche Widerrufsrecht gilt nur für Endverbraucher. Diese können mit Webshops abgeschlossene Kaufverträge innerhalb einer Frist von 14 Tagen widerrufen. Für einige Artikel gilt das Widerrufsrecht nicht: → verderbliche Ware → Datenträger → eigens angefertigte Produkte wie Software → Video- und Audioaufnahmen → Hygieneartikel Wichtig für Webshops ist es, dass diese ihre Kunden über das Widerrufsrecht informieren und ihnen auch ein Widerrufsformular zur Verfügung stellen.

Aufg. 82	Wenn im Webshop auf fremde Internetseiten verlinkt wird, kann man sich durch einen Disclaimer von einer Haftung für die dort angezeigten fremden Inhalte, die eventuell strafbare Inhalte enthalten, befreien, in dem man sich von vornherein vorsichtshalber von diesen distanziert.
Aufg. 83	Ein Webshop muss in jedem Fall sicherstellen, dass Kunden über das Zustandekommen des Vertrages informiert werden. Die Annahmeerklärung kann auf mehrere Arten erfolgen, zum Beispiel: → Bestätigung per E-Mail → Bestätigung per SMS → Bestätigung per App → Bestätigung per Telefon → Bestätigung „face to face". Dies kann einerseits die Bestätigung in einer Videokommunikation sein, andererseits kann sie auch direkt im stationären Geschäft erfolgen. → Bestätigung schriftlich per Post
Aufg. 84	Wenn ein Webshop auf die Bestellung eines Kunden aufgrund eines Angebots mit der Lieferung der Ware reagiert, bestätigt er im Prinzip das Zustandekommen des Vertrages mit der direkten Erfüllung seiner Leistung.
Aufg. 85	Für den reibungslosen Abschluss von Verträgen müssen Webshops Störungen der Datenübermittlung vermeiden. Diese sollen Störfaktoren verhindern, die zu → Warenkorbabbrüchen → langen Ladezeiten → Seitenfehlern führen können. Störfaktoren können unter anderem sein: → schlechte Internetverbindungen oder sogar Verbindungsabbrüche → mangelnde Anbindung an Server → Schnittstellenprobleme → Störungen der E-Mail-Kommunikation

Aufg. 86	a) Datenschutzerklärung b) das Bundesdatenschutzgesetz und die Datenschutzgrundverordnung
Aufg. 87	Kunden haben nach der Datenschutzgrundverordnung das Recht, einmal im Kalenderjahr Auskünfte über Ihre gespeicherten persönlichen Daten einzuholen. Diese Auskunft muss für die Kunden grundsätzlich kostenlos sein.
Aufg. 88	→ Auskunftsrecht → Berichtigungsrecht → Löschungsrecht → Einschränkungen → Recht auf Datenübertragbarkeit → Widerspruchsrecht
Aufg. 89	→ Zutrittskontrolle → Zugangskontrolle → Zugriffskontrolle → Weitergabekontrolle → Eingabekontrolle → Auftragskontrolle → Verfügbarkeitskontrolle → Trennungsgebot
Aufg. 90	a) Programmtechnische Verfahren: → Prüfzifferncodierung und Verschlüsselung von Daten, versteckte Dateien → Software, Schreibschutz → Berechtigungscodes → Passwortverfahren → Plausibilitätskontrollen b) Technische Verfahren: → Notstromaggregate → Parallelrechner → Streamer → Hardware-Schreibschutz → mechanische und räumliche Sicherungen (zum Beispiel Schlösser/Schränke usw.)

	d) Organisatorische Verfahren: --> Überwachungsprotokolle --> Datensicherung mit dem Großvater-Vater-Sohn-Prinzip (regelmäßiges Anfertigen von Sicherheitskopien)
Aufg. 91	Bei diesem Datensicherheitsverfahren muss ein Kunde zwei unterschiedliche Merkmale bereitstellen, um die Berechtigung für eine bestimmte Maßnahme (zum Beispiel im Anmeldeverfahren) zu bekommen.
Aufg. 92	a) Größe, die die Anzahl der (horizontalen x vertikalen Bildpunkte angibt. b) Verringerung der Dateigröße eines Bildes. In der Regel führt dies zu einer niedrigen Qualität des Bildes. c) Umwandlung eines Bildes in ein anderes Dateiformat. Häufig kann sich dadurch die Bildgröße verändern.
Aufg. 93	a) Skalierung ist die Möglichkeit, die Größe einer Grafik zu verändern. b) Im Gegensatz zu normalen Grafikdateien lassen sich die Größen von Vektorgrafikdateien ohne Qualitätsverluste ändern.
Aufg. 94	a) --> bmp --> tif --> png --> jpg --> gif b) --> dxf --> cdr --> ai --> fh c) --> mpg --> avi

B Geschäftsprozesse im E-Commerce – LÖSUNGEN

Aufg. 95	B2B: 3, 5, 6, 7, 9, 10 B2C: 1, 2, 4, 8, 11, 12
Aufg. 96	→ Webshops → Plattformen und Marktplätze → E-Mails → Social Media → Apps
Aufg. 97	a) Angemessenheit: Umfasst das Programm geeignete Funktionen für spezielle Aufgaben? b) Sicherheit: Verhindert die Software unberechtigte (sowohl vorsätzliche als auch versehentliche) Zugriffe auf Daten und Programmteile? c) Interoperabilität: Kann die Software mit anderen vorgegebenen Computersystemen bzw. Programmen zusammenarbeiten und -wirken? d) Konformität: Hält das Softwareprodukt Standards, Konventionen oder gesetzliche Bestimmungen (im Hinblick auf die Funktionalität) ein? e) Ordnungsmäßigkeit: Hält die Software anwendungsspezifische Normen oder Vereinbarungen ein? f) Richtigkeit: Werden richtige Ergebnisse geliefert bzw. richtige Wirkungen erzielt?
Aufg. 98	a) 3 b) 2 c) 1 d) 1 e) 1 f) 3 g) 3 h) 3 i) 1 und 4 j) 3 k) 1

	l) 2 m) 2 n) 1 o) 3
Aufg. 99	a) Der Betreiber entscheidet, welche Händler für seine Plattform zugelassen werden. b) Hier kann sich fast jeder Händler selbstständig anmelden. c) Hier bieten Unternehmen verschiedenster Branchen unterschiedliche Produkte an. d) Hier können nur Produkte aus einer bestimmten Branche erstanden werden. e) Hier werden Waren und/oder Dienstleistungen per Katalog, also mit festen Preisen, angeboten. Zusätzlich erhält der Kunde hier zu den abgebildeten Produkten Informationen über Art, Güte und Beschaffenheit der Produkte, ohne dass dies als Extratext im Shop eingepflegt werden muss. f) Hierbei variieren die Preise und es werden verschiedene Verhandlungsmechanismen zur Preisbildung herangezogen (Rabatte, Skontobeträge usw.). Auch Auktionen zählen zu den dynamischen Märkten, weil sich der Preis aufgrund der vorliegenden Gebote bestimmt. g) Der Hersteller oder Händler bietet für andere Händler eine Plattform an. h) Händler und Hersteller bieten für Endkunden Waren oder Dienstleistungen an. i) Neutrale Dritte bieten eine Plattform an, auf der Hersteller und Händler Produkte anbieten und Käufer diese erwerben können. j) Hierunter wird die teilweise oder die vollständig automatisierte Beschaffung im Einkauf verstanden. In erster Linie geht es hierbei um die Verbesserung und Optimierung der Beschaffungsprozesse in Form der funktions- und unternehmensübergreifenden Aktivitäten, die der Bereitstellung aller im Unternehmen benötigten Güter sowie Leistungen dienen.

	k) Ein Dienstvertrag oder Werkvertrag, der eine Geschäftsbesorgung zum Gegenstand hat. Er wird zwischen einem Leistungsschuldner (= Geschäftsbesorger) und einem Leistungsgläubiger (= Geschäftsherr) abgeschlossen. l) Eine selbstständige wirtschaftliche Tätigkeit in fremdem Interesse. m) Hierbei kann der Geschäftsbesorger frei darüber entscheiden, wie er die Geschäftsbesorgung durchführt. n) Hierbei handelt es sich um eine Tätigkeit, die sich auf das Vermögen des Geschäftsherrn bezieht. o) Der Geschäftsbesorger übernimmt eine Aufgabe, für die der Geschäftsherr ursprünglich zuständig war.
Aufg. 100	a) 2 und 4 b) 3 c) 1 d) 1, 2 und 4 e) 2, 3 und 4 f) 2 g) 4 h) 1
Aufg. 101	regionaler – überregionaler – ROPO-Effekt – Showrooming – Kundenfreundlichkeit – Informationsplätze – Warenangebot – Verknüpfung – Bring- oder Abholservice – Versandweg – nicht virtuellen – Onlinehandel – Kunden – Wir-Gefühls – Marktplatz
Aufg. 102	dynamischen – Onlineauktionen – Bieter – Auktionsprinzips – Englische Auktion – Mindestpreis – Holländische Auktion – Höchstpreis – schnell – verderblichen – verdeckte Auktion – nicht – Höchstgrenze – Immobilien – Second Price Sealed Bid Auction – Höchstpreisauktion – zweithöchsten
Aufg. 103	a) Grundlage jeder Verkaufsaktivität im Internet. Hier sollen Kunden Kaufverträge direkt beim Unternehmen abschließen. b) Vom Betreiber werden unter einer Internetadresse verschiedene Angebote (zum Beispiel von verschiedenen Anbietern) zusammengefasst.

c) Verzeichnisse oder Kataloge, in die sich ein Unternehmen eintragen kann

d) Hier finden Versteigerungen statt.

e) Im Frontend treten gegenüber den Kunden unterschiedliche Shops auf. Diese haben aber alle ein gemeinsames Backend (Administrationsoberfläche).

f) Suchmaschinenwerbung

g) Kunden werden über Newsletter über neue Angebote informiert.

h) gezieltes Auslösen und Kontrollieren von Mundpropaganda im Internet

i) Suchmaschinenoptimierung

j) Der Betreiber einer Internetseite empfiehlt die Internetseite eines anderen Anbieters.

k) Beim Social Media Marketing werden soziale Medien (z. B. Facebook, Twitter, WhatsApp, Instagram) für Marketingzwecke genutzt. Durch entsprechende Maßnahmen soll mit potentiellen Kunden kommuniziert werden, um diesen Unternehmensbotschaften zu vermitteln und als Besucher im eigenen Webshop bzw. auf der eigenen Internetseite zu gewinnen.

Aufg. 104

Zwei wichtige Absatzkennzahlen		
ROI (Return-on-Investment)	ROI = (Gewinn / Umsatz) x (Umsatz / Gesamtkapital) x 100	Kennzahl, die allgemein das Verhältnis zwischen Umsatz und Kosten misst
ROAS (Return on Advertising Spend)	ROAS = (Umsatz – Betriebsausgaben) / Werbeausgaben x 100	Kennzahl, die den tatsächlich erzielten Gewinn pro Werbeausgabe in Euro beziffert

Aufg. 105	a) Die Kennzahl Cost per Click gibt an, wie viel ein werbender Webshop zahlen muss, wenn seine Werbekosten nach der Bezahlmethode Pay per Click (PPC). Dies bedeutet, dass bei jedem Klick auf eine Werbeanzeige, z. B. Banner, Kosten für den werbenden Webshop entstehen) abgerechnet werden. b) Die Kennzahl Cost per Sale lässt sich als Kosten pro Verkauf definieren. Der werbetreibende Webshop sollte auch die Kennziffer Cost per Sale im Blick haben, weil bei dem dahinterstehenden Zahlungsverfahren nicht für die Clicks, sondern für Abschlüsse bezahlt wird.
Aufg. 106	Conversion bedeutet die Umwandlung des Besuchers der Seiten eines Webshops von einem Interessenten in einen Kunden.
Aufg. 107	Alle Kaufabschlüsse (Käufe), aber ebenfalls mögliche Kaufabschlüsse können sein: → das Anklicken von Werbebannern → Registrierungen bei Newslettern → Downloads
Aufg. 108	Die Conversions Rate (Konversionsrate) gibt Auskunft darüber, wie viel Prozent der Besucher eines Webshops tatsächlich Kunde werden.
Aufg. 109	9 %
Aufg. 110	Eine Konversionsrate liegt normalerweise etwa im Bereich von ca. 1-6 %.
Aufg. 111	→ der Angebotspreis eines Artikels → die Qualität des Artikels → die Verfügbarkeit des Artikels → die Lieferzeit der angebotenen Artikel → die Breite des Sortiments → Bekanntheit des Webshops → Zielgruppen des Webshops → User Experience
Aufg. 112	Mit Analyseprogrammen wie beispielsweise Google Analytics können die Betreiber von Webshops das Verhalten ihrer Besucher detailliert und genau auswerten.

Aufg. 113	Die Bounce Rate wird oft auch Absprungrate genannt. Sie informiert über den prozentualen Anteil der Nutzer, die einen Webshop nach nur einem Seitenaufruf verlassen.
Aufg. 114	Die Exit Rate wird oft auch als Ausstiegsrate bezeichnet. Diese informiert über den prozentualen Anteil der Nutzer, die den Besuch eines Webshops auf einer Unterseite beenden, nachdem sie zuvor mehrere Seitenaufrufe verursacht haben. Bei der Bounce Rate wird gemessen, wie viele Besucher nach nur einem Seitenaufruf abspringen.
Aufg. 115	Unter der Customer Journey versteht man den Weg mit mehreren Phasen, den ein möglicher Kunde vom Erstkontakt mit dem Webshop bis zum tatsächlichen Kauf durchläuft. Die Customer Journey ist besonders im Onlinemarketing von Interesse, weil man hier das Verhalten der Suche von Webshops beispielsweise mithilfe von Tracking-Technologien genau nachvollziehen und abbilden kann. Gesucht werden alle Touchpoints (Kontaktpunkte), bei denen Marketingmaßnahmen angesetzt werden können.
Aufg. 116	Die Customer Journey gibt die einzelnen Etappen an, die der Kunde eines Webshops durchläuft. Bei diesen hat der Webshop zu unterschiedlichen Zeitpunkten Berührungspunkte (Touchpoints) mit den potentiellen Käufern. Diese Kommunikation mit den Kunden kann in der Regel online über den Webshop selber, über Social Media-Zugänge oder über Apps erfolgen, aber auch analog in Ladengeschäften. Für Webshops ist es unheimlich wichtig, die Touchpoints der Konsumenten zu identifizieren. Anschließend geht es darum, an diesen Stellen die Kunden positive Erfahrungen machen zu lassen. Dies sorgt dafür, dass im Endeffekt die Kundenbindung erhöht und die Kundenabwanderung vermieden wird. Insgesamt ergeben sich dadurch Wachstumschancen.
Aufg. 117	In der Regel gibt es viele Touchpoints, an dem Kunden Kontakt zum Webshop haben. Mit Maßnahmen der Attribution können Webshops die Customer Journey nachverfolgen. Gleichzeitig analysieren sie auch, wie der Wert und der Einfluss entsprechender Marketingmaßnahmen an den Touchpoints sich auf das Kundenverhalten auswirkt.Es geht bei der Attribution also darum zu untersuchen, welche Marketingmaßnahme an welchem Touchpoint in welchem Ausmaß zu der Kaufentscheidung eines Kunden beigetragen hat.

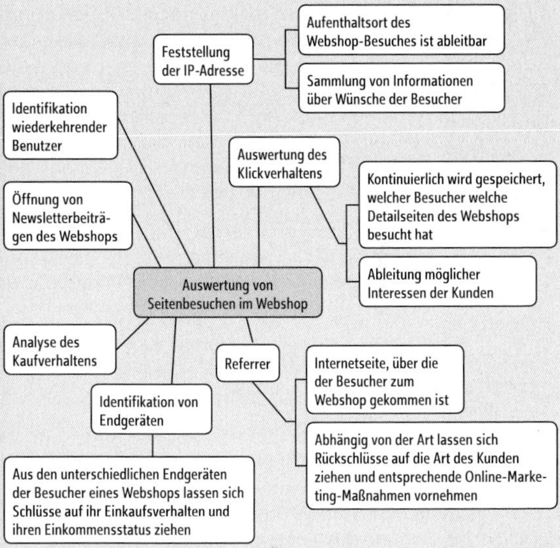

Aufg. 118 Conversion-Funnel bedeutet übersetzt Konversions-Trichter. Die Zahl der Besucher eines Webshops verringert sich zwischen dem ersten Interesse an einem Artikel bis zum abgeschlossenen Kaufvertrag immer mehr wie ein enger werdender Trichter. Der Webshop muss daher versuchen, im Webshop die einzelnen Schritte, die der Kunde vom Erstinteresse bis zum Kaufabschluss durchläuft, zu optimieren.

Aufg. 119 Setzt ein Webshop systematisch auf alle nur denkbaren Kommunikationsmöglichkeiten mit seinen Kunden, wird er um den Einsatz eines Customer Experience Systems nicht herumkommen. Genutzt wird es, um Interaktionen mit Kunden zu überwachen, zu begleiten und zu organisieren. Das Ziel solcher Systeme besteht darin, Kundenerfahrungen zu optimieren und damit die Kundenbindung zu fördern. Bei Customer Experience Systemen geht es unter anderem auch um das UX-Design und das UI-Design.

Aufg. 120	Beim UX-Design geht es um die Optimierung der Kundenerfahrungen. Angestrebt wird, dass die potenziellen Käufer den Webshop gut nutzen können. Es geht hier darum, komplexe Webshops für den Kunden so einfach wie möglich zu gestalten und den potenziellen Käufer so bequem und schnell wie gewünscht an das Ziel (den Kaufabschluss) zu bringen. Beim UX-Designprozess werden eher Erfahrungen der Psychologie hinzugezogen.
Aufg. 121	Beim UI-Design (User Interface Design) geht es darum, den Webshop gut aussehen zu lassen. Hier geht es um kreative und künstlerisch-gestalterische Vorgehensweisen. Elemente der Ästhetik stehen im Vordergrund.
Aufg. 122	Die Usability kennzeichnet den Grad der Gebrauchstauglichkeit eines Webshops während der Nutzung. Ein anderer Begriff ist die Nutzerfreundlichkeit.
Aufg. 123	Zu den Marketingdaten können einerseits Werbemittel wie Texte, Videos, Fotos und Grafiken gezählt werden. Diese sind für Erzeugung von Content nötig. Ebenfalls dazu zählen die von unterschiedlichen Analyseprogrammen zur Verfügung gestellten Daten (zum Beispiel in Form der Conversions Rate). Mit diesen Marketingdaten können zum Beispiel Werbekampagnen effizient geplant werden.
Aufg. 124	Bei Logistikdaten handelt es sich um Daten wie: → die Lieferzeit eines Artikels → der Lagerort von Produkten → Gewicht und Packmaße von Artikeln Sie geben Auskunft über den logistischen Aufwand eines Produktes.
Aufg. 125	richtig: 1, 4, 5, 6, 7, 8, 9, 10,11 falsch: 2, 3
Aufg. 126	Ein Datenfeed ist eine Tabelle, die alle notwendigen Produktdaten enthält und dann an andere Wirtschaftsteilnehmer übermittelt werden kann. Die am häufigsten verwendeten Formate für Datenfeeds sind TXT, CSV und XML. Der Vorteil von Datenfeeds ist die Erleichterung der Übertragung von sehr großen Datenbeständen, die kaum noch manuell zu bewältigen sind.

Aufg. 127	a) Kunden lassen gern auf der Suche nach einem Artikel nach Attributen wie Farbe, Größe oder Material filtern. Produktspezifische Merkmale sind oft in Fließtexten, Artikelbezeichnungen und anderen oft bruchstückhaften Textinformationen verborgen. Diese müssen extrahiert werden. b) Neben den schon feststehenden eigentlichen Warengruppen können auch frei definierte Produktbereiche angelegt werden. Damit bekommen Webshops Möglichkeiten, auf kurzfristige Aktionen oder aktuelle Produkte hinzuweisen. c) Bessere Suchergebnisse gibt es, wenn zum Beispiel bestimmte Maß- und Größeneinheiten bei allen Produkten einheitlich und widerspruchsfrei verwendet werden. d) Ergänzt man die Produktdaten mit Zusatzbezeichnungen, sind sie später häufiger und besser auffindbar. Diesen Vorgang nennt man Tagging. Es gibt Software, die dafür sorgt, dass neue Produkte die passenden Zusatzmerkmale automatisch erhalten. e) Oft stammen Produktdaten, die von Webshops genutzt werden, aus unterschiedlichen Quellen oder von verschiedenen Lieferanten. Die Daten sind z. T. unterschiedlich dargestellt. Vor diesem Hintergrund müssen die Produktdaten auf eine vorbestimmte Darstellungsweise vereinheitlicht werden. f) Hierunter versteht man den Prozess der automatisierten Identifizierung ähnlicher oder gleicher Datensätze. Mithilfe spezialisierter Programme werden die einzelnen Datensätze miteinander verglichen. Dies geschieht in der Regel anhand des Vergleichs ihrer Attribute.
Aufg. 128	Softwareschnittstellen – Kommandos – Programmierschnittstelle – Schnittstellenprogrammierung – Import- und Exportfunktionen – Webshops – Kommunikation – Wettbewerbsvorteil
Aufg. 129	Ein Application Programming Interface – abgekürzt API – ist eine Schnittstelle, die es zwei Programmen ermöglicht miteinander zu kommunizieren und Daten auszutauschen. Festgelegt wird, wie die Daten einerseits beim Datenimport gelesen werden und andererseits beim Datenexport ausgegeben werden sollen.

Aufg. 130	a) 2 b) 2 c) 1 und 3 d) 2 e) 1 f) 2 g) 3 h) 3 i) 4 j) 3 k) 3
Aufg. 131	a) Die Bezugsquellenermittlung ist die Suche nach Informationen über mögliche Lieferer. Dabei geht es sowohl um die Auswahl von Erstlieferern als auch um Informationen über bestehende Geschäftsbeziehungen. b) → Adressenverzeichnisse („Gelbe Seiten“ der Deutschen Post AG; ABC der deutschen → Wirtschaft; Wer liefert was?) In digitaler Form (überwiegend Internet, manchmal auch DVD) → Fachzeitschriften → Kataloge, Prospekte, Preislisten → Messen, Ausstellungen → Besuche von Reisenden und Handelsvertretern → Geschäftsfreunde → B2B-Marktplätze c) In einer Bezugsquellenkartei /-datei werden Angaben über früher schon einmal ermittelte Bezugsquellen festgehalten. → Ist sie als *Lieferkarte/-datei* nach Lieferern geordnet, informiert sie über deren lieferbare Waren. → Als nach Artikeln geordnete *Warenkarte/-datei* enthält sie Angaben über die betreffenden Lieferfirmen.

	d) Abhängig von der jeweiligen Situation sind die folgenden Beurteilungspunkte bei mehreren Lieferern mehr oder weniger zu beachten:Einhaltung von Qualität, Liefertermin und Menge ⇢ Preise und Konditionen ⇢ geografische Lage ⇢ Umwelt- und Gesundheitsverträglichkeit der Waren.
Aufg. 132	4
Aufg. 133	4
Aufg. 134	2
Aufg. 135	2
Aufg. 136	2
Aufg. 137	1
Aufg. 138	1
Aufg. 139	3
Aufg. 140	a) Ein Lastenheft wird vom Auftraggeber eines Projektes angefertigt. Das Lastenheft dient der Präzisierung und Ergänzung des Projektauftrags. Es soll alle Anforderungen enthalten, die der Auftraggeber an die Erreichung des Projektzieles stellt. Zudem enthält es die Rahmenbedingungen, unter denen das Projekt arbeiten soll. b) Agilität bedeutet ein schnelles Anpassen an neue Gegebenheiten im Projektmanagement. Als wichtige Voraussetzung zur Umsetzung von Projekten wird das sofortige Aufnehmen von Veränderung der Rahmenbedingungen von Projekten gesehen. c) Scrum ist ein beliebtes Modell zur Umsetzung agiler Projekte. Statt wie im normalen Projektmanagement alles von vornherein zu planen, wird ein Projekt in kurze, wiederkehrende Zeitabläufe (Sprints) eingeteilt. In jedem dieser Sprints werden im Projektteam gemeinsam Erkenntnisse gewonnen und dann im nächsten Sprint wiederverwertet.

Aufg. 141	a) Das Ziel sollte eindeutig formuliert werden. Es darf kein Spielraum für Interpretationen bleiben. b) Es muss erkennbar sein, ab wann das Ziel erreicht wird. Die Zielerreichung muss also messbar sein. c) Das Ziel sollte durch das Projektteam beeinflussbar sein. Dadurch werden die Ziele akzeptiert. d) Auch wenn das Ziel anspruchsvoll ist, sollte es erreichbar sein. e) Es gibt klare Zeitangaben hinsichtlich der Dauer zur Erreichung des Ziels. Das gilt auch für Zwischenziele.
Aufg. 142	strukturiert – Arbeitspakete – Projektstrukturplan – Planung – Zeit – Reihenfolge – Visualisierung – Ressourcenplanung – Kostenkalkulation – Qualitätsplanung
Aufg. 143	a) Bei der meilensteinorientierten Fortschrittsmessung wird die zeitliche und qualitative Zielerfüllung von Meilensteinen in ein Projekt überprüft. Der Projektfortschritt wird regelmäßig ermittelt. b) In einem Projektstatusbericht wird dem Auftraggeber oder den Entscheidern eines Unternehmens Auskunft über den Stand des Projektes gegeben. c) Eine Projektdokumentation enthält Informationen über alle wichtigen Ergebnisse, Stadien des Arbeitsprozesses und Erfahrungen der Projektmitarbeiter. Sie ist die wesentliche Grundlage für die Präsentation, aber auch für die Reflexion und Evaluation des Projekts. d) Eine Projektmanagement Software ist ein Programmpaket zum Planen, Steuern und Überwachen von Projekten. Mit einer solchen Software kann eine Vielzahl von Aufgaben des Projektmanagements erledigt werden. Die Schwerpunkte liegen dabei auf: → Terminmanagement → Ressourcenmanagement → Projektüberwachung → Erstellung von Berichten e) Unter der Balanced Scorecard versteht man ein allgemeines Kennzahlensystem, mit dem man den Erfolg einer Strategie kontrollieren und auch erhöhen kann: durch Kennzahlen wird der Erfolg der Strategie messbar gemacht.

f) Eine Projekt-Scorecard ist eine auf ein Projekt übertragene Balanced Scorecard, also ein Kennzahlensystem zur Steuerung eines Projekts.

Aufg. 144

a) 2

b) 1

c) 3

d) 4

e)

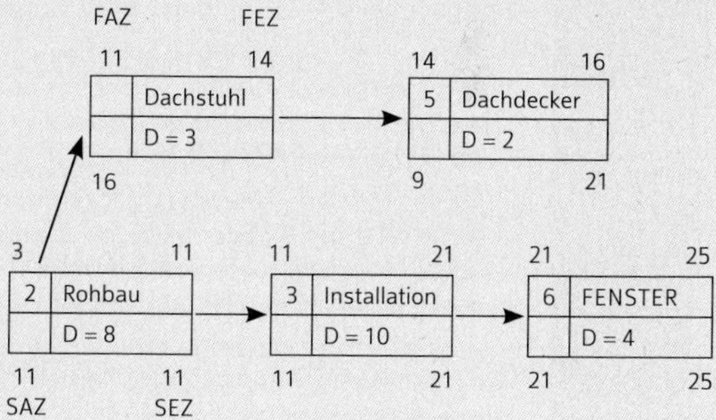

Aufg. 145 3

Aufg. 146 4

Aufg. 147 4

Aufg. 148 Die sogenannten „4Ps“ beschreiben nach der amerikanischen Marketinglehre vier klassischen Marketinginstrumente:

- Produktpolitik (engl. **P**roduct),
- Preispolitik (engl. **P**rice),
- Distributionspolitik (engl. **P**lace) und
- Kommunikationspolitik (engl. **P**romotion).

Aufg. 149 2

Aufg. 150 5

Aufg. 151 5

Aufg. 152 3

Aufg. 153 5

Aufg. 154	a) Mit unterschiedlichsten Arten von Bildzeichen soll eine Verbindung zu einem Produkt oder einer Firma hergestellt werden. b) Hier werden Produkt-, Firmen- oder Fantasienamen mit einer speziellen Schrift verwendet. Sie bestehen aus einem Wort (manchmal auch aus mehreren Wörtern). c) Dies sind Symbole, die aus Einzelbuchstaben, Wortabkürzungen oder Zahlen bestehen. Die Zeichen werden oft auf künstlerische Weise verbunden. d) Mit der Eintragung der Marke beim Deutschen Patent- und Markenamt erwirbt der Inhaber regelmäßig das alleinige Recht, die Marke in Deutschland für die geschützten Produkte zu benutzen. e) Dieses Markensystem besteht darin, dass dem Inhaber der Marke mit einem einzigen Eintragungsverfahren in den 28 Mitgliedstaaten der Europäischen Union ein ausschließliches Recht gewahrt wird. f) Auf Grundlage der eingetragenen deutschen Marke wird ein Antrag auf internationale Registrierung bei der Welt organisation für geistiges Eigentum (WIPO) gestellt. g) Diese Marke gibt an, dass die von der betreffenden Marke geschützten Waren oder Dienstleistungen von den Mitgliedern eines Verbands stammen und dass die Marke nur von diesen genutzt werden darf.
Aufg. 155	Unique Selling Proposition (USP) ist das einzigartige Verkaufsargument für ein bestimmtes Produkt, das unverwechselbare Nutzenversprechen für die Zielgruppe, die kaufentscheidende Produkteigenschaft. Mit dieser Eigenschaft unterscheidet sich das Produkt eindeutig von den Angeboten der Konkurrenz. Mit dem USP wird die Marke gegenüber den Wettbewerbern positioniert. Synonym werden für den Begriff USP oft auch die Begriffe Alleinstellungsmerkmal oder Unique Value-Proposition verwendet.
Aufg. 156	4
Aufg. 157	5
Aufg. 158	3
Aufg. 159	4
Aufg. 160	5

Aufg. 161	1
Aufg. 162	1
Aufg. 163	5
Aufg. 164	4
Aufg. 165	2
Aufg. 166	3
Aufg. 167	4
Aufg. 168	2
Aufg. 169	4
Aufg. 170	a) 3, b) 4, c) 5, d) 7, e) 6, f) 8, g) 1, h) 2
Aufg. 171	4
Aufg. 172	1
Aufg. 173	Streugebiet: 4 Streukreis: 3 Streuzeit: 7
Aufg. 174	5
Aufg. 175	Kombination der unterschiedlichen Marketinginstrumente zur Erreichung der Unternehmensziele
Aufg. 176	Marketingmaßnahmen werden nur dann erfolgreich sein, wenn sie systematisch und sorgfältig geplant, durchgeführt und anschließend kontrolliert werden. Dieses Vorgehen wird durch konsequentes Aufstellen eines Marketingkonzepts unterstützt. Das Marketingkonzept enthält alle für eine Marketingmaßnahme wichtigen Informationen.
Aufg. 177	Das Gesetz gegen den unlauteren Wettbewerb (UWG) richtet sich gegen das unfaire Verhalten von Unternehmen, die gegen die guten Sitten im Geschäftsleben verstoßen.
Aufg. 178	Die Generalklausel ist allgemein formuliert. Sie verbietet grundsätzlich alle unlauteren geschäftlichen Handlungen, soweit es sich um keine Bagatellfälle handelt.

Aufg. 179	→ Schwarze Liste (zusätzliche konkrete Auflistung stets unzulässiger Wettbewerbshandlungen) → Verbot: • unzumutbare Belästigungen • Mondpreiswerbung • Lockvogelwerbung • vergleichende Werbung • irreführende Werbung
Aufg. 180	Für Unternehmen wird heutzutage regelkonformes Verhalten (Fachbegriff: Compliance) immer wichtiger: Sie müssen sich an selbst gesetzte Regeln und auch an Gesetze halten, um Haftungs- und Imageschäden sowie weitere negative Folgen von Rechtsverstößen zu vermeiden. Großunternehmen verwenden dazu Compliance Managementsysteme zur Einhaltung von Regeln an. Dabei kann es sich unter anderem handeln um Gesetze, Vorgaben von Aufsichtsbehörden, Anordnungen, Regeln und Weisungen innerhalb des Unternehmens. Compliance Managementsysteme werden immer mehr automatisiert und digitalisiert.
Aufg. 181	a) Aftersales-Services b) Customer-Relationship-Management c) technische Serviceleistungen d) kaufmännische Serviceleistungen e) One-to-One-Marketing f) Kundenkarte g) Kundenklubs h) Kundenzeitschriften i) Couponing
Aufg. 182	Warenbezogene Dienstleistungen von Webshops sind z. B.: → Produktberatung und Produktinformation → Gebrauchsanleitungen → Aufstellen und Inbetriebnahme von technischen Geräten → Garantiegewährung → Reparaturservice → Inspektions- und Wartungsservice → Ersatzteildienst

	→ Ersatzbereitstellung im Falle von Reparatur und Wartung → Warenmanipulation Nicht warenbezogene Dienstleistungen, die von Unternehmen angeboten werden können, sind z. B.: → Übernahme von betrieblichen Funktionen der Kunden (Rechnungswesen, Werbung usw.) → Überlassung von EDV-Kapazitäten → Unternehmensberatung → Personalschulung → Finanzierungshilfen
Aufg. 183	a) 2 b) 4 c) 2 d) 3 e) 4 f) 4 g) 1 h) 3 i) 1 j) 4 k) 2 und 3
Aufg. 184	4
Aufg. 185	Die Prüfung der Kunden unter Ergebnisaspekten und die anschließende Entscheidung, zu welchen potenziellen Kunden Geschäftsbeziehungen aufgenommen werden, wird als Kundenselektion bezeichnet. Der Kreis der möglichen Abnehmer wird damit eingeengt. Ziel der Kundenselektion ist die Bestimmung einer Zielgruppe unter Aussonderung unrentabler Kunden. Die Marketingaktivitäten werden dann gezielt auf die gewinnversprechenden Kunden gelenkt.
Aufg. 186	Kaufprozess – Kaufabwicklung – Konversionsrate – Käufer – Besucher – Usability – Benutzerfreundlichkeit – komfortable Bedienung

Aufg. 187	a) 3, b) 4, c) 5, d) 6, e) 7, f) 8, g) 9, h) 10, i) 11, j) 2, k) 1
Aufg. 188	a) Hierzu gehören alle klassischen Werbeinstrumente der Massenkommunikation (One-to-Many), die für eine breite Zielgruppe sichtbar und zweifelsfrei als Werbung erkennbar sind. Sie werden meist konventionell über analoge oder digitale Medien gestreut. b) ein Werbemittel der klassischen Werbung Ähnlich wie eine Printanzeige in einer Zeitung erscheint dieses auf einer Website, deren Betreiber hierfür digitale Werbeflächen anbietet. c) Dies ist die Produktseite des im Banner beworbenen Inhalts. d) der Anteil der Klicks an der Zahl der Einblendungen (Impressions), dient häufig zur Berechnung des Preises für eine Bannerschaltung e) beschreibt die Phasen, die der Kunde von der Wahrnehmung der Marke bis zum Kaufabschluss durchläuft f) die inhaltliche und formale Abstimmung aller Kommunikationsmaßnahmen Die Erinnerung an die Marke wird erleichtert, die Präferenzen für die Marke verstärkt und der Markenwert gesteigert. g) einer Zielgruppe die wesentlichen Unterschiede, Vorzüge und Qualitäten eines Produkts oder einer Dienstleistung im Vergleich zur Konkurrenz bewusst zu machen h) ein Datensatz, z. B. die Daten eines Kunden, der sich für einen Newsletter anmeldet i) der Anteil der Unique Visitors (einzelner Besucher) einer Website, die die gewünschte Aktion auch tatsächlich ausführen
Aufg. 189	a) führt den Nutzer zu einer bestimmten Produktseite auf der Webpräsenz des Merchants, die zum Inhalt der Affiliate-Seite passt b) Hierbei handelt es sich, bezogen auf das Affiliate Marketing, um ein Tool, das der Merchant seinen Affiliates im Rahmen seines Partnerprogramms als Zusatzfunktion anbietet. Der Affiliate kann diese in seine Webseite einbinden. Sie werden in einem Fenster ausgeführt und sind stets mit der Website des Advertisers verknüpft.

c) lukrative Keywords, die relativ unauffällig in redaktionelle Beiträge eingesetzt und zur Webpräsenz des entsprechenden Advertisers verlinkt werden Kunden, die sich mit einem bestimmten Thema beschäftigen und einen Blog-Artikel lesen, werden als Interessenten über einen Klick auf diesen auf die Seite des Merchants geleitet und erhalten hier Angebote, die genau zu ihrem Interessengebiet passen und ihnen im besten Fall bei der Lösung eines Problems helfen.

d) ein Datensatz, der wichtige Informationen zu einem Artikel enthält, z. B. die Bezeichnung, eine ausführliche Beschreibung, die technischen Daten sowie den Preis und einen Bildlink

e) ein Begriff aus dem Onlinemarketing, der die Registrierung und Analyse des Nutzerverhaltens im Internet meint Diese Methoden erfassen die Bewegungsdaten eines Users und erstellen daraus ein Kundenprofil, aus dem sich individuelle Vorlieben und Interessen einzelner Personen ablesen lassen.

f) kleine Textdateien, die durch den Browser des Nutzers gespeichert werden, wenn er die Website eines Merchants besucht Wenn ein Nutzer auf einen Affiliate Link klickt und darüber auf die Website des Merchants gelangt, wird im Browserverlauf des Nutzers diese Textdatei gespeichert, der die Affiliate ID erkennt.

g) Die Sitzung des Nutzers wird verfolgt. Jeder Nutzer, der über einen Affiliate Link auf die Website eines Merchants gelangt, erhält eine einmalige Session-ID, die auch die ID des Affiliates registriert. Das Surfverhalten und die Transaktionen des Nutzers werden während seines Besuchs auf der Website erfasst.

h) Diese neue Tracking-Methode basiert auf der Identifizierung des Nutzers auf der Basis eines „Fingerabdrucks“. Dabei wird eine digitale Signatur des Endgerätes erstellt, das der Nutzer gerade verwendet.

i) wird von Affiliate-Netzwerken genutzt, um erfolgreiche Conversions ihrer Vertragspartner auszulesen Dazu gehören die Höhe des Umsatzes sowie der Name des Affiliates, über dessen Seite der Nutzer in den Onlineshop gelangt ist. Es handelt sich um eine Grafik im GIF-Format innerhalb eines HTML-Codes, der sich z. B. auf der Danke-Seite des Merchants befindet.

	j) Anzahl der Sichtkontakte. Wie oft haben Nutzer ein bestimmtes Werbemittel, z. B. einen Affiliate Link, gesehen? k) Anzahl der Klicks. Wie viele Nutzer haben auf diesen Link geklickt? l) der prozentuale Anteil der Ad-Clicks an den Ad Impressions m) Anzahl der Leads, d. h. der Datensätze von Nutzern, die sich für das Angebot des Merchants interessieren, weil sie sich für einen Newsletter anmelden, für einen Download registrieren oder einen Beratungstermin vereinbaren n) Anzahl der tatsächlichen Bestellungen von Kunden, die aufgrund des geschalteten Werbemittels zu Kaufverträgen und damit zur Generierung von Umsatz geführt haben o) prozentualer Anteil der Nutzer, die die gewünschte Handlung ausgeführt haben, gemessen an der Zahl der Besucher einer Website
Aufg. 190	a) Frequency Capping b) Geo Targeting c) Low-Involvement-Produkte d) Keyword Targeting e) High-Involvement-Produkte f) Profile Targeting g) On-Site Behavioral Targeting h) Predictive Behavioral Targeting i) technisches Targeting j) Retargeting k) Zeit-Targeting l) Kontext-Targeting m) Network Behavioral Targeting n) semantisches Targeting o) Ad Networks p) Behavioral Targeting
Aufg. 191	Werbeerfolgskontrolle – Onlinemarketing-Maßnahmen – Onlinetools – Veränderungen – Besucherbewegungen – woher – Verhalten – ausgewertet

Aufg. 192	a) 1 b) 3 c) 2 d) 2 e) 1 f) 1 g) 2 h) 4 i) 1 und 2
Aufg. 193	a) 1 b) 1 c) 1 und 2 d) 3 und 4 e) 2, 3 und 4 f) 1
Aufg. 194	a) 2, 3, 4 und 5 b) 1 c) 1, 2 und 3 d) 2 e) 2 f) 1 g) 2 h) 1 i) 1, 2, 3 und 4 j) 2
Aufg. 195	A/B-Tests dienen der Optimierung eines Webshops. Bei dieser auch als Split-Test bekannten Methode können zum Beispiel zwei Versionen einer Seite des Webshops (Version A und Version B) – „live“ während des Geschäftsverkehrs – praktisch miteinander verglichen werden. Dabei werden die potenziellen Kunden entweder zu der einen oder anderen Version geleitet. Durch Auswertung der jeweils entsprechenden Konversionsraten bzw. Interaktionen kann ermittelt werden, welche der beiden Webshopseiten aus Sicht des Unternehmens effektiver ist.

Aufg. 196	Das Grundprinzip eines multivarianten Tests ähnelt dem eines A/B-Tests. Es wird jedoch eine größere Anzahl von Möglichkeiten (Variablen) getestet. Dieses Testverfahren eignet sich nur für Seiten mit sehr hohem Traffic.
Aufg. 197	Auf einer 404-Fehler-Seite wird darauf hingewiesen, dass es die angeforderte Seite des Webshops nicht mehr gibt. Der aufgerufene Link ist entweder falsch geschrieben oder existiert nicht mehr.
Aufg. 198	Ein Webshop liefert eine Null-Treffer-Seite, wenn für den Besucher aufgrund seiner Suchanfrage kein passender Inhalt oder kein Produkt gefunden werden kann.
Aufg. 199	SEM ist die Abkürzung für Search Engine Marketing und steht für das Suchmaschinenmarketing. Dieses umfasst sowohl die Suchmaschinenoptimierung (SEUO) und die Suchmaschienwerbung (SEA).
Aufg. 200	Beim Retargeting wird der Besucher eines Webshops durch unterschiedliche technische Verfahren markiert und später dann gezielt mit entsprechender passender Werbung angesprochen. Vom Retargeting erhofft man sich eine Erhöhung der Werberelevanz für die Besucher und eine bessere Ansprache der möglichen Zielgruppen. Diese sollen zum potenziellen Wiederkehren gebracht werden.
Aufg. 201	Cookies sind kleine Dateien, die automatisch auf dem Computer oder Smartphone eines Besuchers des Webshops gespeichert werden, wenn er diesen besucht. Cookies enthalten verschiedene Informationen zum Verhalten des möglichen Kunden.
Aufg. 202	Ein Adserver ist ein Server im Internet, der für die Platzierung von Werbemitteln sorgt. So werden dort beispielsweise die Banner einer Werbekampagne gespeichert und dann gezielt an die Kunden ausgespielt. Auf Adservern erfolgt also auch eine Überwachung der Werbemaßnahmen. Sie sorgen auch für unterschiedliche Berichte.
Aufg. 203	Newsletter – übersichtlich – Links – Homepage – direkt – E-Mailing – Stand-alone-E-Mails – Neukunden – Einverständniserklärung – Trigger-E-Mail – Transaction-E-Mails – Aftersales-E-Mails

Aufg. 204	a) → statische Banner → animierte Banner → Pop ups → Layer Ads → Floor Ads → Sticky Ads → Nanosite Banner → Expandable Banner → Streaming Banner b) → Pre-Roll → Super Banner → Medium Rectangle → Skyscraper → Billboard Ad → Sitebar → Native Ads → Interstitials
Aufg. 205	a) Multimedia Marketing b) Cross Media Marketing c) Mobile Marketing d) Guerilla Marketing e) Social Media Marketing f) virales Marketing g) Influencer Marketing
Aufg. 206	Eine semantische Suchmaschine versucht den Inhalt der einzelnen Suchbegriffe zu verstehen, Verknüpfung dazu herzustellen und die Ergebnisse so zu generieren, dass sie zu den Absichten des Nutzers passen.
Aufg. 207	Beim Monitoring werden vom Webshop regelmäßig Daten von allen Mitbewerbern gesammelt und verglichen. Betreibt er auch Benchmarking, vergleicht er dann ständig seine Artikel, Prozesse, Serviceleistungen Umsätze, Erlöse usw. mit den Werten der besten Mitbewerber. Das Benchmarking ist also eine vergleichende Analyse unter Zuhilfenahme eines Vergleichsmaßstabs (Benchmark). Das Hauptziel des Benchmarkings ist die Gewinnung von Informationen, mit denen die unterschiedlichen unternehmerischen Prozesse des Webshops verbessert werden können.

Aufg. 208

Beim nettopreisbezogenen Preisstellungssystem wird der Großhandelsverkaufspreis für die Abnehmer nachvollziehbar gebildet, indem zum Bezugspreis des Großhandelsbetriebes ein Kosten- und Gewinnzuschlag addiert wird. Von diesem Preis werden den Abnehmern keine Rabatte mehr gewährt.

Beim Bruttopreissystem werden den Abnehmern dagegen auf einen Bruttopreis Rabatte unterschiedlicher Höhe gewährt.

Aufg. 209

Bei der räumlichen Preisdifferenzierung wird die gleiche Ware an verschiedenen Orten zu verschiedenen Preisen angeboten.

Bei der personellen Preisdifferenzierung wird die gleiche Ware unterschiedlichen Kundengruppen zu unterschiedlichen Preisen angeboten.

Bei der zeitlichen Preisdifferenzierung wird die gleiche Ware oder Dienstleistung zu verschiedenen Zeiten zu unterschiedlichen Preisen angeboten.

Bei der mengenmäßigen Preisdifferenzierung wird bei Abnahme größerer Mengen einer Ware ein günstigerer Preis gewährt.

Aufg. 210

Repricing sorgt mithilfe extra dafür entwickelter Programme für eine automatische Preisoptimierung. Dazu werden die Marktpreise der Mitbewerber kontinuierlich überwacht

Aufg. 211

Der Listenverkaufspreis netto beträgt 734,69 €.

Begriff	Berechnung in €
Bezugspreis (Einstandspreis)	300,00
+ Handlungskostenzuschlag	150,00
= Selbstkostenpreis	450,00
+ Gewinnzuschlag	90,00
= Barverkaufspreis	540,00
+ Kundenskonto	11,02
= Zielverkaufspreis	551,02
+ Kundenrabatt	183,67
= Listenverkaufspreis, netto	734,69

Aufg. 212

Der Kalkulationszuschlag beträgt somit 99,98 %

Begriff	**Berechnung in €**
Bezugspreis (Einstandspreis)	100,00
+ Handlungskostenzuschlag	30,00
= Selbstkostenpreis	130,00
+ Gewinnzuschlag	26,00
= Barverkaufspreis	156,00
+ Kundenskonto	3,18
= Zielverkaufspreis	159,18
+ Kundenrabatt	39,80
= Listenverkaufspreis, netto	198,98

Der Listenverkaufspreis netto beträgt dann 39,79 €.

Berechnung. 0,9898 · 20 = 19,790 + 19,79 = 39,79

Aufg. 213

a) 11, b) 10, c) 9, d) 8, e) 5, f) 7, g) 6, h) 4, i) 3, j) 2, k) 1

Aufg. 214

5

Aufg. 215

4

Aufg. 216

1, 2, 3, 4, 5, 8, 9

Aufg. 217

6, 1, 5, 3, 4, 7, 2

Aufg. 218

3, 2, 4, 1

Aufg. 219

Bilanz – Bilanzveränderungen – vier – Aktiv-Passiv-Mehrung – Passivpositionen – erhöht – Bilanzverlängerung – Aktiv-Passiv-Minderung – verringert – Bilanzverkürzung – Aktivtausch – Bilanzsumme – Aktivkonto – Passivtausch – vermindert – Eigenkapitals

Aufg. 220

2

Aufg. 221

richtig: 3, 4, 5, 7, 8, 10

falsch: 1, 2, 6, 9, 11

Aufg. 222	a) Bank an Forderungen b) Darlehen an Bank c) Kasse an Bank d) Bank an Fuhrpark und Umsatzsteuer e) Bank an Darlehen f) Bank an Kasse g) Verbindlichkeiten an Bank h) Fuhrpark und Vorsteuer an Verbindlichkeiten
Aufg. 223	1
Aufg. 224	5
Aufg. 225	organisiert – ordnungsgemäßer – zeitlicher – Grundbuch – Journal – Buchungsnummer – Belegnummer – Kontierung – sachlichen – Gewinn – Kontenrahmen – Aktiva – vierstellige – Kontenklasse – Kontenplan
Aufg. 226	2
Aufg. 227	richtig: 2, 3, 6, 8, 9, 10 falsch: 1, 4, 5, 7
Aufg. 228	2 und 5
Aufg. 229	4
Aufg. 230	2 und 3
Aufg. 231	a) 5, b) 7, c) 8, d) 9, e) 4, f) 10, g) 4, h) 6, i) 3, j) 2
Aufg. 232	richtig: 3, 4, 7, 8 falsch: 1, 2, 5, 6, 9
Aufg. 233	Das Eröffnungsbilanzkonto ist ein Hilfskonto des internen Rechnungswesens, um den Grundsatz der doppelten Buchführung (Soll- an Haben-Buchung) einhalten zu können. Es enthält dieselben Informationen wie die Eröffnungsbilanz, allerdings spiegelverkehrt. Es gelten nicht die strengen Formvorschriften wie bei der Bilanz.
Aufg. 234	SBK als Konto des internen Rechnungswesens besteht aus Soll- und Habenseite, das externe Konto Schlussbilanz aus Aktiv- und Passivseite. SBK hat keine Gliederungsvorschrift.

Aufg. 235	1
Aufg. 236	2
Aufg. 237	3 an 4 (Umsatzsteuer an SBK)
Aufg. 238	2
Aufg. 239	5
Aufg. 240	(1) Einzahlung, aber keine Einnahme (2) Einzahlung und Einnahme (3) Einnahme, aber keine Einzahlung (4) Auszahlung, aber keine Ausgabe (5) Auszahlung und Ausgabe (6) Ausgabe, aber keine Auszahlung (7) Einnahme, aber kein Ertrag (8) Ausgabe, aber kein Aufwand (9) Einnahme und Ertrag (10) Ausgabe und Aufwand (11) Ertrag, aber keine Einnahme (12) Aufwand, aber keine Ausgabe (13) Erträge, aber keine Leistungen (14) Aufwand, aber keine Kosten (15) Erträge und Leistungen (16) Aufwand und Kosten (17) Leistungen, aber keine Erträge (18) Kosten, aber kein Aufwand

Aufg. 241

a) Kosten, die für den Betrieb insgesamt anfallen, können aber nicht direkt einem Kostenträger zugerechnet werden.

b) Die variablen Kosten nehmen bei steigender Ausbringungsmenge stärker zu.

c) Kosten, die einem einzelnen Kostenträger (z. B. einem Artikel) direkt zugerechnet werden können. Oft werden sie auch als direkte Kosten bezeichnet.

d) Diese Kosten bleiben bei Schwankungen der Auslastung konstant.

e) Die variablen Kosten verändern sich im gleichen Verhältnis wie die Ausbringungsmenge.

f) Diese Kosten verändern sich als mengenabhängige Kosten bei Änderung der Produktions- bzw. Absatzmenge.

g) Ab einer bestimmten Ausbringungsmenge ändert sich – sprunghaft – die Höhe der Fixkosten.

h) Je mehr ein Unternehmen produziert, desto stärker wird sich dessen Kostenstruktur verbessern

i) Dies sind Kosten, die in gleicher Höhe sowohl als Aufwand in die Geschäftsbuchführung eingehen als auch als Kosten in der Kostenrechnung verrechnet werden.

j) Kosten, die nicht direkt einer Aufwandsart der Geschäftsbuchführung entsprechen

Aufg. 242

Leistungseinheit – Verursachungsbereichen – unwirtschaftliche – Einheiten – Unternehmung – Kostensteigerung – Verantwortungsträger – Hauptkostenstellen – direkte – Kostenstellenplan – Funktionsbereichen – Vertrieb – Nebenkostenstellen – Verwaltung – Gemeinkosten – Kostenträger – Verwaltung – Betriebsabrechnungsbogen – BAB – Kostenverursachung – Zuschlagssätze – Kostenstelle – Prozentsatz – kostet

Aufg. 243

Produkt – Erfolg – Kostenträgern – Kostenträgerrechnung – Vollkostenrechnung – fixen – Selbstkosten – Teilkostenrechnung – variablen – betriebswirtschaftlicher – Fixkosten – Verkaufspreis – Deckungsbeitrag – Betriebsgewinn – Verkaufserlösen – Stück – Periode – Preisuntergrenze – wirtschaftlich

Aufg. 244	1
Aufg. 245	1
Aufg. 246	3
Aufg. 247	1
Aufg. 248	3
Aufg. 249	a) 5, b) 2, c) 1, d) 6, e) 3, f) 4
Aufg. 250	3
Aufg. 251	3
Aufg. 252	4
Aufg. 253	KPIs sind Key performance Indicators. Dies sind Kennzahlen, die die Unternehmenssituation beschreiben. Sie sind die Grundlage des Controllings.
Aufg. 254	Für eine Analyse, wie der eigene Webshop am Markt positioniert ist und wie er sich gegebenenfalls verändern bzw. verbessern könnte, bietet sich das Controllinginstrument der SWOT-Analyse an. Hiermit wird ausgewertet, welche internen Stärken und Schwächen der Webshop hat, aber auch welchen Chancen und Risiken er unterliegt. Im Rahmen der 2-Analyse gibt es vier Betrachtungspunkte: → Strenghts (Stärken) → Weaknesses (Schwächen) → Opportunities (Chancen) → Threats (Risiken) Stärken und Schwächen sind interne Faktoren, die im Shop selbst ihre Ursachen haben können. Es geht dabei also um den Ist-Zustand des Webshops. Die Aspekte Chancen und Risiken dagegen beziehen auch die potentiellen Kundengruppen, den Markt und die Konkurrenz mit in die Auswertung ein. Der Fokus liegt hier in der zukünftigen Entwicklung des Webshops. Gefragt wird, wie sich der Shop (und sein Umfeld) zukünftig entwickeln kann.

	Die vier Aspekte der SWOT-Analyse werden oft in einer Tabelle bzw. Matrix dargestellt:

Strength – Stärken	**Weaknesses – Schwächen**
→ Was ist der Vorteil des Webshops am Markt? → Was kann der Webshop besser als die Mitbewerber?	→ Hat der Webshop einen Nachteil am Markt? → Was wirkt sich negativ auf den Erfolg des Webshops am Markt aus?
Opportunities – Chancen	**Threats – Risiken**
→ Welche Entwicklungen können für den Markt positive Potenziale bedeuten?	→ Welche Gefahren können zukünftig auftreten, die sich nachteilig auf den Webshop auswirken können, zu Verlusten oder Nachteilen führen können?

Die Ergebnisse der SWOT-Analyse helfen, Handlungsfelder für Verbesserungen im Webshop zu finden, dessen Potenziale effizient zu nutzen und mögliche Gefahren für ihn zu erkennen und einzugrenzen.

Aufg. 255	a) Add Impression b) CPO (Cost per Order) c) Break-even-Point d) Click Through Rate e) Ad-Clicks f) Keyworddichte (Keyword Density)
Aufg. 256	Web Analytics stellen eine Art Werbeerfolgskontrolle für Onlinemarketing-Maßnahmen dar. Es werden Besucherströme auf Websites gemessen. Es wird ausgewertet, woher die Nutzer kommen und welches Verhalten sie auf der Website aufweisen.

Aufg. 257	Mit der Kundenwertanalyse können Kunden nach ihrer Wichtigkeit eingeteilt werden. Im Rahmen einer solchen Untersuchung strebt man an, in Zukunft die für die Betreuung der Kunden anfallenden Ausgaben auf die besten Käufer zu konzentrieren. Unterschieden wird dabei zwischen → Bestandsanalyse: Diese informiert über die aktuelle Bedeutung der einzelnen Kunden für das Unternehmen. Bestandsgrößen wie zum Beispiel der Umsatz sind zwar leicht zu ermitteln und eindeutig, aber nicht in jedem Fall aussagekräftig. → Bei der Potenzialanalyse fließen zwar die bisherigen Umsatzdaten auch als Grundlage in die Untersuchung ein, sind jedoch – im Gegensatze der Bestandsanalyse – nicht das zentrale Untersuchungsmerkmal. Vielmehr wird hier analysiert, bei welchen Kunden sich deren Bestellungen mit einem angemessen Aufwand erhöhen lassen. Die Potenzialanalyse hat also den Fokus auf künftige Geschäftsbeziehungen in der Zukunft gelegt.
Aufg. 258	Es gibt zwei Verfahren der Kundenwertermittlung: → Die *ABC-Analyse*: Sie teilt Kunden in drei Gruppen (A, B, C) ein, die dann unterschiedlich behandelt werden. → Customer Lifetime Value: Anders als die ABC-Analyse, die den Wert eines Kunden in der Vergangenheit beachtet, konzentriert sich der *Customer Lifetime Value*-Ansatz nicht nur auf den gegenwärtigen Wert eines Kunden, sondern mehr auf dessen zukünftige Entwicklung.
Aufg. 259	Ein Lieferungsverzug oder eine Nicht-rechtzeitig-Lieferung liegt vor, wenn der Verkäufer nicht oder nicht rechtzeitig liefert.
Aufg. 260	→ die Fälligkeit der Lieferung → Mahnung • erforderlich bei nicht bestimmbarem Liefertermin • nicht erforderlich bei: ∘ kalendermäßig bestimmbarem Liefertermin ∘ Selbstinverzugsetzung durch den Lieferer ∘ Fix- oder Zweckkauf → Ein Verschulden des Verkäufers nicht erforderlich bei: • Gattungskauf • Fixkauf

Aufg. 261	→ bei Interesse an einer Lieferung das Bestehen auf der Lieferung und gegebenenfalls Schadensersatz wegen Verzögerung → bei keinem Interesse mehr an einer Lieferung der Rücktritt vom Vertrag und eventuell Schadensersatz wegen der Verzögerung
Aufg. 262	5
Aufg. 263	1, 4, 3, 5, 2
Aufg. 264	a) (Analoge) Waren sind rein physische Güter. Sie haben für den Menschen einen Gebrauchswert und werden deshalb gehandelt. Es sind Produkte ohne digitale Elemente. b) Digitale Produkte umfassen alle digitalen Inhalte und Dienstleistungen, die Gegenstand von Kaufverträgen (aber auch von Dienstverträgen, Werkverträgen oder Mietverträgen) sind. Digitale Produkte können auf einem Datenträger gespeichert sein oder aus dem Internet geladen werden. Zu den digitalen Produkten zählen auch digitale Dienstleistungen, die es zum Beispiel Verbrauchern ermöglichen, Daten digitaler Form zu erstellen, zu verarbeiten, zu speichern und zu nutzen bzw. einen Zugang zu solchen Daten zu bekommen. c) Waren mit digitalen Elementen sind im Vergleich mit digitalen Produkten eher körperliche Gegenstände, die aber digitale Inhalte bzw. digitale Dienstleistungen umfassen.
Aufg. 265	→ Subjektive Anforderungen: Die Kaufsache muss dem entsprechen, was Käufer und Verkäufer im Vertrag im Hinblick auf die Beschaffenheit vereinbart haben. → Objektive Anforderungen: Die Kaufsache muss sich für die branchenübliche Verwendung eignen oder eine Beschaffenheit haben, die für Sachen der gleichen Art üblich ist. → Montageanforderungen: Diese Anforderungen fallen im Prinzip auch schon unter subjektive und objektive Anforderungen. Sie sind aber vom Gesetzgeber darüber hinaus noch einmal ausdrücklich vereinbart worden.
Aufg. 266	Die Aussage ist richtig.

C Kundenkommunikation im E-Commerce – LÖSUNGEN

Aufg. 267	a) Da die Ware nicht die im Kaufvertrag vereinbarte Beschaffenheit hat, entspricht sie nicht den subjektiven Anforderungen. Es liegt ein Mangel vor. b) Hier entspricht der Staubsauger zwar den im Kaufvertrag festgelegten subjektiven Anforderungen (Modell R 1200; Farbe rot; Funktionsfähigkeit, weil das Gerät saugt). Nicht erfüllt sind aber die objektiven Anforderungen, weil Carolin Saager als Käuferin eine Beschaffenheit des Staubsaugers erwartet hatte, wie sie bei Staubsaugern derselben Art üblich sind.
Aufg. 268	Durch negative Beschaffenheitsvereinbarungen haben Verkäufer und Käufer die Möglichkeit, die objektiven Anforderungen durch vertragliche Vereinbarung außer Kraft zu setzen. Die negative Beschaffenheitsvereinbarung dient dazu, den Kunden aktiv über den Mangel zu informieren.

Aufg. 269

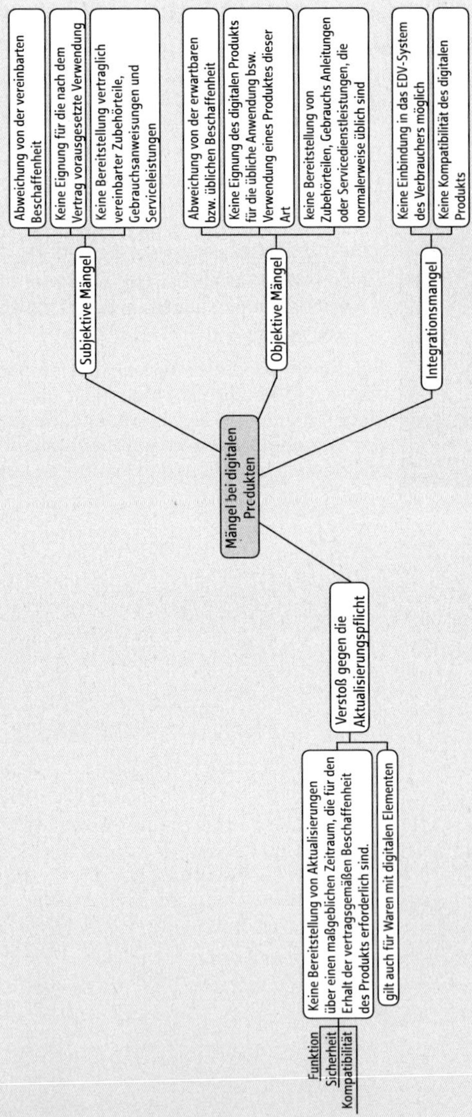
Mängel bei digitalen Produkten
Subjektive Mängel
Abweichung von der vereinbarten Beschaffenheit
Keine Eignung für die nach dem Vertrag vorausgesetzte Verwendung
Keine Bereitstellung vertraglich vereinbarter Zubehörteile, Gebrauchsanweisungen und Serviceleistungen
Objektive Mängel
Abweichung von der erwartbaren bzw. üblichen Beschaffenheit
Keine Eignung des digitalen Produkts für die übliche Anwendung bsw. Verwendung eines Produktes dieser Art
keine Bereitstellung von Zubehörteilen, Gebrauchs Anleitungen oder Servicedienstleistungen, die normalerweise üblich sind
Integrationsmangel
Keine Einbindung in das EDV-System des Verbrauchers möglich
Keine Kompatibilität des digitalen Produkts
Verstoß gegen die Aktualisierungspflicht
Keine Bereitstellung von Aktualisierungen über einen maßgeblichen Zeitraum, die für den Erhalt der vertragsgemäßen Beschaffenheit des Produkts erforderlich sind.
Funktion
Sicherheit
Kompatibilität
gilt auch für Waren mit digitalen Elementen

Aufg. 270	a) falsche Werbeaussagen b) Mangel in der Art c) arglistig verschwiegene Mängel d) offene Mängel e) Mangel in der Güte f) Mangel in der Beschaffenheit g) mangelhafte Montageanleitung h) Rechtsmangel i) Montagefehler j) Mangel in der Menge k) versteckte Mängel
Aufg. 271	4
Aufg. 272	4
Aufg. 273	1
Aufg. 274	1, 5
Aufg. 275	2
Aufg. 276	1, 5
Aufg. 277	Durch ein Verfahren der alternativen Streitbeilegung – im Englischen Alternativ Dispute Resolution (ADR) genannt – kann oft ein Gang zum Gericht vermieden werden, was Kosten, Zeit und Stress erspart. Dabei vermitteln neutrale außergerichtliche Stellen zwischen Kunden und Händlern. Vorgeschlagen werden in vielen Fällen auch Lösungen.
Aufg. 278	Die Onlinestreitbeilegung ist eine Sonderform der alternativen Streitbeilegung, die im Englischen Online Dispute Resolution (ODR) genannt wird. Dabei wird eine Plattform für eine Onlinestreitbeilegung der Europäischen Union kostenlos genutzt. Die Entscheidungen haben verbindlichen Charakter, beachtet werden muss jedoch, dass Händler nicht zur Onlinestreitbeilegung verpflichtet sind und daher eine Bearbeitung der Kundenbeschwerde verweigern können.

Aufg. 279	Während für Fehler an der Sache selbst die Mängelgewährleistung einspringt, wird von Produkthaftung bei Folgeschäden (Sach- und Personenschäden) aufgrund fehlerhafter Produkte gesprochen. In diesem Zusammenhang soll das Produkthaftungsgesetz für den den Schutz von Verbrauchern in ihrem persönlichen Eigentum und ihrer persönlichen Unversehrtheit sorgen. Zwar geht es nur um Schäden bei Privatpersonen, da aber die „Hersteller" haften, ist es auch für B2B-Unternehmen in bestimmten Fällen relevant. Als Hersteller sieht das Produkt Haftungsgrenzen an: → die eigentlichen Produzenten → die Teilehersteller → Importeure → Großhändler und Lieferanten Nach dem Produkthaftungsgesetz besteht für Personenschäden ein Haftungshöchstbetrag von 85 Millionen €. Bei Sachschäden gibt es keine Haftungshöchstgrenze, allerdings eine Selbstbeteiligung in Höhe von 500,00 €. Zu beachten ist: → Es gibt verschiedene Haftungsausschlussgründe. → Die Beweislast liegt beim Geschädigten. → Es gibt keinen Ersatz des Schadens nach zehn Jahren. → Es gilt eine Verjährungsfrist von drei Jahren nach Kenntnis des Fehlers.
Aufg. 280	a) Schriftstück, das Informationen über die mit der Sendung ausgelieferten Waren enthält b) Schriftstück, das der effizienten Abwicklung eine Rücksendung im Lager des Verkäufers dient c) Prozess des Zusammenstellens der Waren im Lager des Verkäufers d) Überholung zurückgesendeter Waren für eine Wiederverwendung e) freiwillige Rücknahme von Waren ohne Mängel f) die freiwillige Verpflichtung eines Unternehmens, dass während einer bestimmten Zeitdauer ab Übergabe der Ware keine Mängel auftreten und der Unternehmer für die Mängelfreiheit einsteht

	g) vom Hersteller schriftlich gegebene Zusicherung, innerhalb eines bestimmten begrenzten Zeitraums auftretende Defekte an einem gekauften Gegenstand kostenlos zu beheben h) dem Kunden im Falle mangelhafter Lieferung zustehende Rechte aufgrund gesetzlicher Vorschriften i) Diese Kennziffer setzt die Anzahl der von Kunden zurückgeschickten Artikel in ein Verhältnis zu der Anzahl der versendeten Artikel. j) Diese Kennziffer gibt Auskunft über die Attraktivität des Angebotes des Webshops. Je höher diese ist, desto niedriger ist die Kundenzufriedenheit.
Aufg. 281	→ sich ruhig und freundlich verhalten → Reklamation sofort bearbeiten → Reklamation ernst nehmen und das dem Kunden (z. B. durch Zuhören, Ausredenlassen) zeigen → Schritte einer erfolgreichen Reklamationsbehandlung beachten: 1. durch aktives Zuhören dem Kunden ermöglichen, „Dampf" abzulassen. Klärung des Sachverhalts. Recherchieren (Wie ist es zur Unzufriedenheit des Kunden gekommen?) 3. Wenn es die eigene Schuld ist: Entschuldigen! 4. Wenn Fremdverschulden vorliegt; Hilfe anbieten! 5. für Abhilfe sorgen! 6. alles tun, um die Beziehung aufrechtzuerhalten
Aufg. 282	Ein Annahmeverzug liegt vor, wenn ein Käufer die bestellte Ware bei der Lieferung durch den Verkäufer nicht entgegennimmt.
Aufg. 283	→ die Fälligkeit der Lieferung → das ordnungsgemäße Anbieten der Ware → Der Annahmeverzug tritt ein direkt bei Nichtannahme durch den Käufer. Ein Verschulden und eine Mahnung sind nicht erforderlich.

Aufg. 284	→ Rücktritt vom Kaufvertrag und Verkauf der Waren an andere Kunden oder → Bestehen auf Annahme (Er kann dann die Ware auf Kosten und Gefahr des Käufers einlagern und entweder im Klageweg auf Abnahme der Ware bestehen bzw. diese im Selbsthilfeverkauf verkaufen.)
Aufg. 285	a) Fälligkeit und Mahnung (in einigen Fällen ist keine Mahnung erforderlich) b) bestehen auf Zahlung (einschließlich evtl. Schadensersatz und Verzugszinsen) oder Ablehnung der Zahlung (= Rücktritt vom Vertrag)
Aufg. 286	Nur in Fall 2 muss gemahnt werden.
Aufg. 287	Um ausstehende Zahlungen einzutreiben, werden ein oder mehrere Mahnschreiben in abgestufter Form an den Schuldner verschickt. Dies bringt auf schnelle und kostengünstige Weise den Schuldner in Zahlungsverzug.
Aufg. 288	2
Aufg. 289	4
Aufg. 290	Der Europäische Zahlungsbefehl ist ein europäisches Verfahren, das in grenzüberschreitenden Fällen die rasche und kostengünstige Eintreibung unbestrittener Forderungen in den anderen EU-Mitgliedsstaaten ermöglichen soll. Mit einem Europäischen Zahlungsbefehl kann der Gläubiger grundsätzlich in jedem Mitgliedstaat der EU eine Vollstreckung ohne großen Aufwand bewirken (Ausnahme: Dänemark). Das für die Durchführung des Europäischen Zahlungsbefehls in Deutschland allein zuständige Gericht ist das Amtsgericht in Berlin-Wedding. Die Beantragung des Europäischen Zahlungsbefehls unterliegt einem Formzwang: Es müssen bestimmte Formblätter verwendet werden. Diese müssen in der Sprache des Mitgliedstaates des Gerichts ausgefüllt werden. Die Formulare sind in jedem Mitgliedstaat einheitlich aufgebaut und müssen mit Codeziffern ausgefüllt werden. Es gibt einen Katalog, der alle bestehenden Codeziffern in den Sprachen der Mitgliedsländer der EU enthält.
Aufg. 291	a) 9, b) 1, c) 2, d) 10, e) 3, f) 7, g) 5, h) 4, i) 6

Aufg. 292	richtig: 1, 3, 6, 7, 8, 11 falsch: 2, 4, 5, 9, 10
Aufg. 293	richtig: 1, 3, 7, 8, 9, 10 falsch: 2, 4, 5, 6, 11
Aufg. 294	a) Von Inbound spricht man bei passiven Telefongesprächen, bei denen der Kunde selbst Initiative ergreift und das Unternehmen anruft. Es geht hier also um im Webshop ankommende Gespräche. b) Als Outbound werden vom Webshop ausgehende – aktive – Telefongespräche bezeichnet. c) Von einer Hotline spricht man, wenn der Webshop einen speziellen telefonischen Beratungs- und Auskunftsdienst hat. d) Ein Callcenter ist der Service eines externen Dienstleisters, der entweder Hilfestellung für ein bestimmtes vom Unternehmen vertriebenes Produkt leistet oder sogar für die Gesamtheit der Abläufe eines Unternehmens zuständig ist.
Aufg. 295	→ Jeder fasst sich kurz. → Es redet immer nur eine Person. → Alle sind für das Gruppenergebnis mitverantwortlich. → Jeder arbeitet mit. → An der Ergebnispräsentation sollten möglichst alle Gruppenmitglieder teilnehmen oder diese zumindest gemeinsam vorbereiten und dann einen Sprecher wählen. → Über den „richtigen" Weg wird diskutiert. → Diskussionsbeiträge dürfen nicht persönlich verletzend sein. → Jedes Gruppenmitglied darf sich frei äußern und ausreden. Alle Meinungen werden gegenseitig anerkannt. → Fühlt sich jemand unwohl, sagt er es sofort. → Vereinbarte Termine werden eingehalten. → Jeder ist gegenüber der Gruppe für übernommene Aufgaben verantwortlich.

Aufg. 296

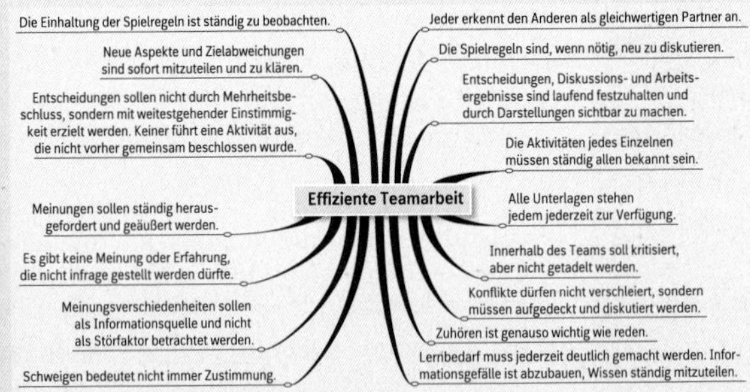

Aufg. 297

Negative Auswirkungen von Konflikten:

--> Konflikte kosten Zeit.

--> Konflikte vergiften das Arbeitsklima.

--> Konflikte nehmen die Arbeitsfreude.

--> Konflikte blockieren die Kreativität.

--> Konflikte verursachen Kosten.

Positive Auswirkungen von Konflikten:

--> Missstände und Missverständnisse werden deutlich.

--> Ideen und Problemlösungen werden angestoßen.

--> Verbesserungen werden entwickelt und ausprobiert.

--> Neue Kommunikationsformen werden gefunden.

--> „Reinigende Gewitter" klären die Luft.

Aufg. 298

Vorgehensweise im allgemeinen Konfliktfall:

Wahrnehmen:

--> Der Konflikt muss natürlich erst einmal erkannt werden.

--> Welche direkten oder indirekten Parteien befinden sich in welcher Eskalationsstufe?

--> Wer ist direkt betroffen, wer ist indirekt betroffen und wer fühlt sich betroffen?

Austragen:

--> Der Konflikt darf nicht verschwiegen werden. Er muss offen angegangen werden.

--> Der Konflikt sollte geregelt ausgetragen werden, sonst besteht die Gefahr der späteren Konfliktsteigerung.

	Lösen: → Keine der Parteien sollte mit dem Gefühl der Unterlegenheit aus dem Konflikt hervorgehen. → Eine kooperative Problemlösung sollte angestrebt werden. Nacharbeiten: → Eine nachträgliche Konfliktanalyse zeigt eventuell ständig bestehendes Konfliktpotenzial oder zumindest Parallelen auf. → Die Parteien müssen sich an die Vereinbarungen halten. → Ein Lerneffekt sollte folgen
Aufg. 299	a) 3 b) 4 c) 1 d) 2 und 4 e) 4 f) 3 g) 3 h) 1 i) 3 und 4 j) 4 k) 1 und 4
Aufg. 300	Begriff FAQ steht für „Frequently Asked Questions", was frei übersetzt auf Deutsch etwa „häufig gestellte Fragen" bedeutet. Es gibt zwei Arten von FAQs: → Eine **allgemeine FAQ-Seite** liefert Antworten auf Fragen zu unterschiedlichen Themenbereichen, die ein Kunde im Zusammenhang mit dem gesamten Bestellprozess haben kann. Allgemeine FAQs stehen auf eigenen Seiten. Da viele Kunden danach gezielt suchen, sollten die allgemeinen FAQs schnell im Webshop gefunden werden können. → **FAQs zu einzelnen Produkten** befinden sich i.d.R am Ende einer Produktdetailseite. Hier werden ganz konkrete Fragen zum Produkt beantwortet. Empfehlenswert sind solche FAQs auf Produktdetailseiten vor allem bei besonders erklärungsbedürftigen Produkten.

Aufg. 301	Eine besondere Form der E-Mails sind die Follow-up--Emails. Dies sind E-Mails oder eine Folge von E-Mails, die als Reaktion auf die Aktionen tatsächlicher oder auch möglicher Käufer gesendet werden. Follow-up E-Mails müssen immer einen thematischen Bezug zum ursprünglichen Auslösevorgang haben. Mit den Follow-up-Emails wird versucht, immer auch eine bestimmte gewünschte Handlung durchzusetzen.
Aufg. 302	Bieten Webshops ihren Kunden Chatmöglichkeiten an, bekommen diese Gelegenheit, auf direktem Weg über die Prozesse und Produkte des Webshops beraten zu werden. Entscheidendes Merkmal eines Chats ist die Online-Kommunikation in Echtzeit. Zudem bekommt die vergleichsweise normale unpersönliche Kommunikation im Webshop einen persönlicheren Anstrich: Chats sind ein Mittel, um Onlineshops mehr Persönlichkeit zu verleihen.
Aufg. 303	Es gibt zwei Arten von Chatmöglichkeiten, die ein Webshop anbieten kann: → Live-Chat: Im Rahmen eines Live-Chats können die Kunden während des Besuchs des Webshops in Echtzeit mit einem Verkaufsmitarbeiter sprechen oder schreiben. Im Gegensatz zu Chats mit Chatbots, wo mit vordefinierten Antworten auf vorher festgelegte Fragen gearbeitet wird, ist das Spektrum der Gesprächsgegenstände im Prinzip unbegrenzt: Die Kommunikation über Live-Chats ist erheblich flexibler. → Chatbots: Bei Chatbots kommunizieren die Kunden mit einem Programm, das Antworten auf der Grundlage eines vorformulierten Scripts gibt: Es findet also eine automatisierte Konversation zwischen Kunden und einer Software statt. Mit Techniken des maschinellen Lernens wird versucht, Gespräche mit Besuchern des Webshops zu verstehen, zu analysieren und Kundenfragen zu beantworten. Dabei wird im Rahmen eines kontinuierlichen Prozesses versucht, vordefinierte Antworten zu erstellen und bei Anfragen.

	→ Hybridlösungen: Viele Webshops arbeiten auch mit Hybridlösungen. Dabei arbeiten die Live-Chats und Chatbots Hand in Hand, um komplexe Kundenbedürfnisse zu erfüllen und den Besuchern eine umfassende und zeitnahe Unterstützung zu bieten. Das Vorgehen in vielen Unternehmen ist so, dass zunächst allgemein und wiederkehrende Anfragen von Chatbots übernommen werden. Sollte der Chatbot jedoch nicht in der Lage sein, dem Kunden weiterzuhelfen, wird die Frage im Rahmen eines Live-Chats an einen Mitarbeiter weitergeleitet, der das Gespräch übernimmt.

D Wirtschafts- und Sozialkunde – LÖSUNGEN

Aufg. 304	4
Aufg. 305	Maximalprinzip
Aufg. 306	Minimalprinzip
Aufg. 307	Maximalprinzip
Aufg. 308	→ Umsatzmaximierung → Gewinnmaximierung → Erhöhung des Marktanteils → Kundenbindung und -gewinnung → Sicherung von Arbeitsplätzen → Steigerung des Images
Aufg. 309	1
Aufg. 310	4
Aufg. 311	4
Aufg. 312	a) Gesellschaften b) Personengesellschaften c) Kapitalgesellschaften d) Genossenschaft e) Einzelunternehmen f) OHG g) KG

	h) GmbH i) AG j) GmbH & Co. KG
Aufg. 313	1
Aufg. 314	4
Aufg. 315	a) Stelle b) Instanz c) Aufbauorganisation d) Stellenbeschreibung e) Abteilung f) Einliniensystem g) Mehrliniensystem h) Stabliniensystem i) Matrixorganisation j) Projektorganisation k) Spartenorganisation
Aufg. 316	Unternehmen müssen Pflichtmitglieder bei der Industrie- und Handelskammer (IHK) sein. Die IHKs nehmen die Interessen der Mitgliedsunternehmen gegenüber der Öffentlichkeit und politischen Gremien wahr. Sie sind zuständig für die Berufsausbildung und nehmen auch entsprechende Prüfungen ab. Sie bieten die unterschiedlichsten Dienstleistungsangebote an (Fortbildungen, Beratungen usw.).
Aufg. 317	Viele Unternehmen sind Mitglied von Arbeitgeberverbänden, von denen sie beratend unterstützt werden können. Sie führen für die Arbeitgeber die Tarifverhandlungen durch. Mit Gewerkschaften wird oft Kontakt aufgenommen zur Zusammenarbeit bei der Bewältigung von Strukturanpassungen oder Wirtschaftskrisen.
Aufg. 318	Die Stelle, an der Angebot und Nachfrage zusammentreffen, wird Markt genannt.
Aufg. 319	In einer Volkswirtschaft gibt es unterschiedliche Marktformen: a) Es gibt **Polypole**, wo sich viele Anbieter und viele Nachfrager an einem gleichen Ort treffen.

	b) Treten wenige Wirtschaftsteilnehmer auf einem Markt auf, liegt ein **Oligopol** vor. c) Von einem **Monopol** spricht man, wenn ein Wirtschaftsteilnehmer entweder der Einzelnachfrager oder der einzelne Anbieter ist.
Aufg. 320	Unter der Konjunktur werden Wirtschaftsschwankungen, die regelmäßig wiederkehren, verstanden.
Aufg. 321	Die Konjunktur kann in vier Phasen eingeteilt werden: → die Expansion (Aufschwung und Erholung) → der Boom (Hochkonjunktur) → die Rezession (Konjunkturabschwächung und Abschwung) → die Depression (Tiefstand oder Krise)
Aufg. 322	Zur Leistungserstellung eines Unternehmens ist es notwendig, immer mehrere betriebswirtschaftliche Produktionsfaktoren miteinander zu verbinden. Betriebswirtschaftliche Promotionsfaktoren sind: → ausführende Arbeit (die eigentliche menschliche Arbeitskraft) → Betriebsmittel → Werkstoffe → dispositive Arbeit (Planung, Leitung, Steuerung und Kontrolle)
Aufg. 323	→ Die privaten Haushalte stellen den Unternehmen die volkswirtschaftlichen Produktionsfaktoren Arbeit, Boden und Kapital zur Verfügung, produzieren keine Güter selbst und verbrauchen ihr gesamtes Einkommen. → Die Unternehmen bieten den privaten Haushalten Arbeitsplätze und produzieren Waren und Dienstleistungen, die am Markt angeboten werden. → Das Bankensystem sorgt dabei für die Sammlung der Ersparnisse der privaten Haushalte und deren Weitergabe zur Finanzierung von Investitionen an die Unternehmen. → Der Staat produziert öffentliche Güter und leistet Transferzahlungen (z. B. Sozialleistungen, Subventionen), dafür fließen ihm Mittel zu (z. B. Steuern und Gebühren), die von Unternehmen und privaten Haushalten aufgebracht werden.

Aufg. 324	Jedes Unternehmen gehört einem Wirtschaftssektor an: → Primärsektor: Unternehmen gewinnen Güter im Rahmen der Urproduktion aus der Natur. → Sekundärsektor: Unternehmen verarbeiten Güter weiter, bis sie Fertigerzeugnisse sind: • Industrie: Mit hohem Kapitalaufwand werden große Produktionsmengen Durch Industrieunternehmen mit vielen Maschinen für einen anonymen Markt produziert. • Handwerk: Kleinere Mengen werden durch Handwerksbetriebe zum Teil noch mit der Hand für in der Regel bekannte Kunden hergestellt. → Tertiärsektor: Hierzu gehören neben Dienstleistungsunternehmen (wie zum Beispiel Banken und Versicherungen) überwiegend Unternehmen, die Fertigerzeugnisse zum Verbraucher bringen: • Logistik- und Verkehrsunternehmen übernehmen Transportleistungen • Der Handel bringt zunächst über den Großhandel, dann über den Einzelhandel Waren bis hin zur Verbraucher. → Der vierte Wirtschaftssektor wird oft auch Informationssektor genannt: Dazu gehören insbesondere Unternehmen der Informationsbranche. Unternehmen im Bereich des E-Commerce sind überwiegend im Handel tätig, da sie vor allem Güter ein- und verkaufen.
Aufg. 325	richtig: 2, 4, 5, 6, 9 falsch: 1, 3, 7, 8
Aufg. 326	In der Ausbildungsordnung ist festgelegt: → die Bezeichnung des anerkannten Ausbildungsberufs → die Ausbildungsdauer → das Ausbildungsberufsbild → der Ausbildungsrahmenplan, der verbindlich festlegt, was im Ausbildungsbetrieb zu vermitteln ist → die Prüfungsanforderungen

Aufg. 327

a) Werden von den Parlamenten beschlossen. Bundesgesetze werden also vom Bundestag unter Mitwirkung des Bundesrats (Landesgesetze der einzelnen Bundesländer von deren Landtagen) beschlossen.

b) Diese können von der Bundesregierung, einem Bundesminister oder einer Landesregierung erlassen werden, wenn diese durch ein Gesetz dazu ermächtigt sind.

c) Vereinbarungen, die zwischen Gewerkschaften und Arbeitgeberverbänden oder einzelnen Arbeitgebern abgeschlossen werden

d) Vereinbarungen zwischen dem Arbeitgeber und dem Betriebsrat über die Ordnung und die Arbeitsverhältnisse des einzelnen Betriebs

e) Der Arbeitnehmer muss die im Arbeitsvertrag vereinbarte Arbeitsleistung erbringen.

f) Der Arbeitnehmer darf Geschäfts- und Betriebsgeheimnisse nicht Dritten mitteilen.

g) Der Arbeitnehmer darf sich nicht bestechen lassen.

h) Solange das Arbeitsverhältnis besteht, darf ein kaufmännischer Angestellter ohne Einwilligung des Arbeitgebers nicht selbstständig ein Handelsgewerbe betreiben oder in dem Handelszweig des Arbeitgebers Geschäfte für eigene oder fremde Rechnung betreiben.

i) Nach Beendigung des Arbeitsverhältnisses darf ein kaufmännischer Angestellter seinem bisherigen Arbeitgeber grundsätzlich Konkurrenz machen. Soll ein Wettbewerbsverbot auch nach Beendigung des Arbeitsverhältnisses bestehen, muss dieses ausdrücklich vertraglich geregelt werden. Dieses Wettbewerbsverbot darf nicht länger als zwei Jahre nach Beendigung des Arbeitsverhältnisses bestehen.

j) Der Arbeitgeber muss für die erbrachte Arbeitsleistung des Arbeitnehmers eine Vergütung bezahlen. Der Arbeitgeber muss das Gehalt an seine Angestellten spätestens am letzten Werktag des Monats bezahlen. Das Gehalt muss auch bei Arbeitsunfähigkeit wegen Krankheit bis zu sechs Wochen weiterbezahlt werden.

k) Der Arbeitgeber ist verpflichtet, dem Arbeitnehmer nicht nur ein Entgelt zu zahlen, sondern ihn auch tatsächlich zu beschäftigen.

	l) Der Arbeitgeber muss dem Arbeitnehmer in jedem Kalenderjahr bezahlten Erholungsurlaub gewähren. Dabei ist es unzulässig, den Urlaub regelmäßig durch Geldzahlungen abzugelten. m) Der Arbeitgeber muss alle Arbeitsbedingungen so gestalten, dass der Arbeitnehmer gegen Gefahren für Leben und Gesundheit so weit wie möglich geschützt ist. n) Der Arbeitnehmer kann von seinem Arbeitgeber bei Beendigung des Arbeitsverhältnisses ein schriftliches Zeugnis verlangen.
Aufg. 328	Tritt man nach einer Ausbildung in ein Arbeitsverhältnis ein, gilt der Arbeitsvertrag. Dies ist ein Dienstvertrag, durch den sich ein Beschäftigter gegenüber seinem Arbeitgeber zu einer entgeltlichen Arbeitsleistung verpflichtet. Geregelt werden unter anderem Beginn und eventuell Dauer des Arbeitsverhältnisses, die Tätigkeit, die Höhe des Lohns bzw. Gehalts, der Arbeitsort und die Arbeitszeit.
Aufg. 329	→ Jugendliche dürfen keine gesundheitsgefährdenden Arbeiten, keine Akkordarbeit, keine Arbeiten, die ihre Leistungsfähigkeit überschreiten ausführen sowie keine Arbeiten verrichten, bei denen sie sittlichen Gefahren ausgesetzt sind. → Jugendliche dürfen täglich höchstens 8 Stunden beschäftigt werden. Die tägliche Arbeitszeit darf auf 8,5 Stunden erhöht werden, wenn dadurch die wöchentliche Arbeitszeit von 40 Stunden nicht überschritten wird.
Aufg. 330	→ Der **Manteltarifvertrag** regelt allgemeine Arbeitsbedingungen, z. B. Arbeitszeit, Urlaub, Kündigungsfristen, Zulagen. → Der **Lohn- und Gehaltstarifvertrag** regelt die Lohn- und Gehaltshöhe für die Arbeitnehmer in den verschiedenen Lohn- und Gehaltsgruppen. Er regelt auch die Höhe der Ausbildungsvergütung.
Aufg. 331	Unter **Tarifautonomie** versteht man das Recht der Tarifvertragsparteien (en und Arbeitgeberverbände), Tarifverträge ohne Einmischung des Staates auszuhandeln.

	Friedenspflicht bedeutet, dass während der Gültigkeitsdauer eines Tarifvertrags von den vertragschließenden Gewerkschaften und Arbeitgeberverbänden keine Arbeitskampfmaßnahmen (Streiks und Aussperrungen) durchgeführt werden dürfen.
Aufg. 332	**Betriebsvereinbarungen** regeln die Ordnung und die Arbeitsverhältnisse des einzelnen Betriebs, z. B. Arbeitszeiten, Pausenzeiten, Urlaubsregelungen. Sie gelten für alle Mitarbeiter des Betriebs. Betriebsvereinbarungen werden zwischen Arbeitgeber und Betriebsrat abgeschlossen.
Aufg. 333	→ Sechs Wochen vor bis acht Wochen nach der Entbindung gilt ein Beschäftigungsverbot. Dieses tritt auch früher in Kraft bei Gefahr für Mutter und Kind. → Es ist ein Kündigungsschutz vorgesehen, einerseits während der Schwangerschaft bis vier Monate nach der Entbindung, andererseits während des Erziehungsurlaubs. → Ansonsten sind schwere körperliche und gesundheitsgefährdende Arbeiten (auch Nacht-, Sonn- und Feiertagsarbeit) verboten.
Aufg. 334	a) Notstromaggregaten b) Hardware-Schreibschutz c) Parallelrechner d) mechanische Sicherungen e) Streamer f) räumliche Sicherungen g) periodisches Anfertigen von Sicherheitskopien h) Überwachungsprotokolle des Betriebsablaufs i) Schulungen j) Doppelbesetzungen k) Vier-Augen-Prinzip l) Plausibilitätskontrollen m) Passwortverfahren n) Berechtigungscodes o) Software-Schreibschutz und versteckte Dateien p) Verschlüsselung von Daten q) Prüfziffernverfahren

Aufg. 335	→ Einhaltung der Brandschutzvorschriften → Einsatz technischer Brandschutzvorrichtungen → Schlösser → Stahltüren → Überwachungsmaßnahmen → Zugangsbeschränkungen (Niemand außer dem Lagerpersonal darf die Lagerräume betreten.) → Einhaltung der Vorschriften des Arbeitsschutzes → Schutz des Lagerpersonals vor schädlichen Einflüssen → Einhaltung der Unfallverhütungsvorschriften der Berufsgenossenschaften → Beachtung der Sicherheitskennzeichnung im Lager → Beachtung des baulichen Brandschutzes → Beachtung des allgemeinen Brandschutzes
Aufg. 336	→ unbedingt Ruhe bewahren → Panik vermeiden → Betroffene Personen müssen sich selbst und andere in Sicherheit bringen. → Die Feuerwehr muss über Feuermeldeeinrichtungen oder über den Notruf 112 alarmiert werden. → Nur wenn keine Gefahr mehr besteht, sind erste Löschmaßnahmen zu ergreifen.
Aufg. 337	(1) richtig (2) falsch (Die Kollegen könnten den Brand ebenfalls schon mit den weiteren Feuerlöschern bekämpfen.) (3) falsch (4) richtig
Aufg. 338	1, 3, 4
Aufg. 339	Immer mehr Kunden legen auf nachhaltige Artikel Wert. Ein Webshop muss daher entsprechende Artikel ins Sortiment aufnehmen. Viele Kunden achten auch darauf, ob darüber hinaus das Unternehmen nachhaltig in allen betrieblichen Bereichen auftritt.
Aufg. 340	Übernahme der Verantwortung für zukünftige Generationen

Aufg. 341

- → Ökonomische Nachhaltigkeit: Unternehmen sollten so an den Märkten auftreten, dass sie auf Dauer funktionstüchtig sind.
- → Soziale Nachhaltigkeit: Soziale Verantwortung und soziales Miteinander stehen im Vordergrund der unternehmerischen Tätigkeit.
- → Ökologische Nachhaltigkeit: Das Unternehmen versucht den rücksichtsvollen Umgang mit Ressourcen der Natur.

Aufg. 342

a) Unter Ressourcenschonung wird der schonende und effiziente Einsatz bzw. Umgang mit natürlichen, endlichen Ressourcen verstanden. Ziel der Ressourcenschonung ist es, natürliche Rohstoffe für künftige Generationen verfügbar zu halten.

b) Unter Abfallvermeidung wird die Verringerung

- → der Abfallmenge und
- → der schädlichen Auswirkungen des Abfalls auf die Umwelt und die menschliche Gesundheit und des Gehalts an schädlichen Stoffen in Materialien und Produkten

verstanden.

c) Zum Umweltschutz gehören alle Maßnahmen, die getroffen werden, um die Umwelt zu schützen und somit die Gesundheit der Menschen zu bewahren.

Aufg. 343

a) 3
b) 3 und 4
c) 2
d) 1 und 2
e) 1
f) 2
g) 3
h) 4
i) 4
j) 3
k) 2

Bildquellenverzeichnis

Hild, Claudia, Angelburg: 210.1.
stock.adobe.com, Dublin: pressmaster Titel, 1.1; deagreez 1.2

Sachwortverzeichnis